HR
劳动关系
经典管理案例

潘 辉 ◎ 著

中国法制出版社
CHINA LEGAL PUBLISHING HOUSE

向标杆企业学习经典实战案例的必备宝典

作为本套丛书的主编，我非常荣幸组织业界资深的人力资源管理者编写了这套适合我国企业管理特色的人力资源经典实战案例丛书。

案例教学法起源于 20 世纪 20 年代，课堂中分析的案例都来自商业管理的真实情境或事件，有助于培养和发展学生主动参与课堂讨论的积极性，案例教学法实施之后反响很好。

本套丛书融合案例教学法的精华，总结了标杆企业的经典实战案例，这也是很多读者非常喜欢的学习方法。通过案例学习人力资源管理相关知识不仅更加生动，而且实操性强。总结起来，本套丛书具有以下主要特征。

1. 案例源自企业实战：本套丛书所有管理案例均来自企业一线实战，通过作者多年的实践探索精挑细选出很多生动有趣的案例，且非常贴近企业管理实际，作者还收集了业界标杆企业的丰富案例素材，融合先进管理案例，让这套丛书读起来更具趣味性。

2. 以解决问题为核心：本套丛书选取的案例均来自企业管理中遇到的典型问题，围绕企业经常遇到的管理难题，非常具有代表性。特别是通过案例详细解析让大家加深对关键知识点的把握和理解，深入剖析企业遇到问题的核心根源，系统总结作为人力资源管理者和企业各级管理者应该吸取的经验教训。

3. 知识点丰富系统：本套丛书系统融合了很多企业在招聘、绩效、薪酬、员工培训以及劳动纠纷等专业领域丰富的管理案例，作者从企业战略和人力资源管理战略的高度审视各个模块的相互联系，每个模块都有非常完整的体系性设计，让读者能够从企业经营的整体角度去理解人力资源管理各个模块的内容，"既见树木，又见森林"。本套丛书不仅展示了很多经典实战案例，围绕案例背后的关键知识点，每本书也都做了详细的阐述，让读者不仅知其然而且知其所以然。丰富系统的知识点提炼，加上典型的案例分析，让这套丛书更具有实操价值。

4. 作者来自知名企业：本套丛书的作者均来自 IBM 和加多宝等业界知名的企业，这些作者都奋战在企业管理第一线，他们总结自身企业在人力资源管理领域的丰富实战经验，对企业人力资源的运作流程精通，了解各项工作的管理痛点和难点，写作素材来自多年的企业管理实践。本套丛书的内容与企业管理零距离，让读者读完就能懂，有些实战技能拿来就能用。

5. 管理理念领先：本套丛书不仅展示了业界经典实战案例，还介绍了人力资源管理领域先进的管理理念和管理方法。这些先进的管理理念和管理方法是企业管理者更应该掌握的法宝，只有采用先进的管理理念和管理方法才能在竞争中立于不败之地。

这套经典实战案例丛书为人力资源管理者提供了解决实际问题的途径和方法，能提升人力资源从业者和企业管理者的实战能力。"学而不思则罔，思而不学则殆。"广大读者在学习与借鉴业界经典实战案例的过程中，要善于举一反三，因为不同行业的企业，不同规模的企业，不同企业文化的企业，不同劳动者素质的企业，其所能采取的人力资源管理方法是不同的。

作为人力资源从业者和企业各级管理者，要想真正做好人力资源管理工作，就需要对人力资源管理工作有清晰的结构化立体思维模式，要向标杆企业学习经典做法，深入研究企业人力资源管理案例，全面思考企业管理问题产生的根源，最终寻求最适合企业的管理策略、管理思路、管理方法和管理手段，通过实战案例学习全面思考并做到举一反三，要认真研究这些案例背后的管理思想和管理方法，力争做到融会贯通。

相信本套丛书必将成为企业各级管理者的良师益友和学习宝典。

是为序。

丛书主编、知名人力资源专家

贺清君

2023 年 11 月于北京中关村

序言一

员工劳动关系管理历来是大多数企业中一项比较基础的工作。现如今随着管理水平的不断发展，管理意识的不断提高，越来越多的企业不仅把"客户第一"作为经营发展的核心方向，而且把之前的观念"员工是成本"转变为现今的"员工是资源"，同时也把"员工管理"的重视提到了更高的层面。

良好的员工劳动关系管理对发挥员工的积极性和创造性、提高组织管理水平和实现战略发展目标起着关键作用。而在目前许多人力资源的管理实践中，员工关系管理仍然处于相对薄弱的环节。原因有以下两方面：一方面，企业对劳动关系管理没有给予足够的重视；另一方面，部分HR从业者本身的认知不到位。因此，如何提高员工劳动关系管理在人力资源管理中的地位，充分发挥员工劳动关系管理的正激励作用，也日渐成为广大人力资源从业者的重要课题。

本书主要是基于如何构建和谐的员工关系、防范用工风险、规范企业用工管理这三点出发的。总体来说，本书有以下三个特点：一是以案例为主。和市面上很多纯理论的书籍不一样，在本书中案例贯穿员工管理的全过程，通过案例对企业用工中的风险点进行分析。二是结合实践。本书针对企业中不同的管理风险，相对应地提出应对措施，还提供了部分工具，广大人力资源从业者在吸收相关知识后可以直接用于日常的管理工作中。三是语言幽默。我们学习知识，最怕的就是语言枯燥。本书语言幽默轻松，读者可轻松地消化吸收书中的各个知识点。

随着我国经济的发展，法律制度的不断完善、健全及人们法律意识的提高，企业管理规范化的要求势必越来越高。因此，本书中提到的员工劳动关系管理中的各项风险点及应对措施，不管是高层管理者，还是基层人力资源从业者，都应该充分掌握。

特此推荐本书！

知名人力资源管理专家
贺清君

序言二

随着国内经济水平的持续增长以及各个行业的蓬勃发展，工作细分下的企业员工劳动关系呈现出复杂性和多样性。受市场竞争压力的影响，大多数企业都无法为员工提供一个永久稳定的生存环境。对于员工个体来说，随着安全感的降低和个人利益的日益凸显，员工与企业的矛盾性也逐渐浮出水面。

《劳动法》的出台，是为了保护劳动者的合法权益，调整劳动关系，建立和维护适应社会主义市场经济的劳动制度，促进经济发展和社会进步。《劳动合同法》则是为了完善劳动合同制度，明确劳动合同双方当事人的权利和义务，保护劳动者的合法权益，构建和发展和谐稳定的劳动关系而制定的。

员工关系管理作为企业人力资源管理的一个重要环节，贯穿企业人力资源管理的全流程。随着我国普法力度的加大及人民法律意识的提高，员工和企业也越来越重视自身利益的维护，如何维护好双方的关系，实现双赢，也是目前广大HR从业者面临的问题之一。

《劳动合同法》的颁布和实施在一定程度上加大了企业的合规性要求，也赋予了企业更多的社会责任，企业HR也可以借此在法律要求框架内，合法、合理地规范内部管理，进一步强调企业的法律风险意识，杜绝用人的随意性。

在本人处理过的劳动争议案件中，90%的劳动案件原因是企业的规范化管理有问题，对合法、合规、规范化的管理不重视。本书通过案例对企业员工劳动关系管理进行分析，不仅适合HR从业者阅读，也适合广大法律从业者，以及劳动者本人阅读。

相信本书必将成为广大读者的良师益友！

北京市弘嘉律师事务所

高级合伙人　张立德

目录

第一篇　认识劳动关系

第一章　劳动关系的概念 // 003
　　1.1　劳动关系核心含义 // 004
　　1.2　劳动关系涉及的相关法律 // 005
　　1.3　劳动关系法律效力 // 006
第二章　特殊的劳动关系 // 007
　　2.1　劳务关系 // 008
　　2.2　劳务派遣 // 011
　　2.3　实习关系 // 013
　　2.4　灵活用工 // 015

第二篇　建立劳动关系

第三章　录用管理 // 025
　　3.1　有必要书面约定录用条件吗？// 026
　　3.2　公司发出 Offer 后可以反悔吗？// 029
　　3.3　背景调查可以随便做吗？// 033

3.4 自愿放弃缴纳社保，并签订协议可以吗？// 039

3.5 员工不办理社会保险转入手续怎么办？// 041

3.6 女员工隐瞒怀孕状况入职，企业可否按欺诈入职处理？// 042

3.7 聘用未毕业的学生是否一定就属于实习关系？// 044

第四章 签订劳动合同 // 047

4.1 员工入职后拒签劳动合同怎么办？// 048

4.2 不签订劳动合同，签劳务合同可以吗？// 049

4.3 劳动合同中是否可以约定解除条件？// 051

4.4 营业执照未办理完毕，可以不签订劳动合同吗？// 053

4.5 股东、法定代表人与公司还要签订劳动合同吗？// 054

4.6 劳动合同中的"工作地点"如何约定？// 056

4.7 HR 未签订劳动合同，可以要求双倍工资差额吗？// 060

4.8 如何对不定时工时制员工进行有效的管理？// 063

第三篇　履行劳动关系

第五章 试用期管理 // 069

5.1 试用期到期发现不合适，可延长试用期吗？// 070

5.2 分阶段执行试用期可行吗？// 074

5.3 试用期内，企业可以随意解除其与员工的劳动合同关系吗？// 075

5.4 试用期转正刚过一天，能否以不符合试用期录用条件为由解除劳动合同？// 077

5.5 试用期内可否辞退怀孕员工？// 079

第六章 劳动合同履行 // 081

6.1 企业与高管未续签劳动合同，被判赔偿几百万元 // 082

6.2 员工不辞而别，怎么办？// 085

6.3 员工怀孕后提出辞职申请，想反悔怎么办？// 088

6.4 企业亏损，可以让员工待岗吗？// 090

目 录

    6.5 员工提出辞职不满三十天就自行离职，能扣工资吗？// 092

    6.6 员工向公司请假，公司不批，员工若自行休假算旷工吗？// 094

第七章 劳动合同变更 // 097

    7.1 员工拒绝合理调岗，企业怎么办？// 098

    7.2 调岗的同时可以降薪吗？// 100

    7.3 公司单方调岗，员工坚决不从，能解雇吗？// 102

    7.4 当企业面临关闭时，如何处理劳动关系？// 104

第八章 劳动合同解除 // 109

    8.1 医疗期满就可以随意解除劳动关系吗？// 110

    8.2 实行末位淘汰制，属于非法解除劳动合同吗？// 112

    8.3 劳动合同解除后的赔偿金与补偿金如何支付？// 114

    8.4 劳动者拒不交接工作，也拒不离职，怎么办？// 118

    8.5 劳动合同期满但培训服务期未到期时，如何处理？// 119

    8.6 合同期满，但遇到法定续延情形，怎么办？// 121

    8.7 劳动合同到期续延条款的理解与适用 // 124

第九章 无固定期限劳动合同 // 127

    9.1 有必要规避无固定期限劳动合同吗？// 128

    9.2 无固定期限劳动合同解除的条件有哪些？// 131

    9.3 在特殊情况下，员工需要签订无固定期限劳动合同，企业可以拒绝吗？// 133

第十章 特殊协议 // 135

    10.1 竞业限制协议和谁签，何时签？// 136

    10.2 竞业限制协议的有效性 // 141

    10.3 企业提前解除竞业限制协议，需额外支付补偿金吗？// 143

    10.4 企业支付竞业限制补偿金如何掌握支付时间？// 144

    10.5 签订保密协议必须支付保密费吗？// 146

    10.6 关于培训协议期限和劳动合同期限的问题 // 153

第四篇　人力资源管理制度的设计

第十一章　企业制度设计中的注意要点 // 167

11.1　如何合法制定企业规章管理制度？// 168

11.2　关于企业年终奖兑现中的问题 // 173

11.3　企业制度规定"回款后才提成"是否有效？// 181

11.4　关于年休假及未休年休假工资的几个问题 // 182

第五篇　劳动保护

第十二章　社会保险及工伤管理 // 191

12.1　如何认定工伤及用人单位需承担的工伤费用？// 192

12.2　工伤员工借故拒绝上班，不断休假，如何处理？// 194

12.3　提前下班发生车祸，是否是工伤？// 194

12.4　下班途中因去超市买菜被汽车撞伤算工伤吗？// 196

12.5　职业病的认定 // 197

第六篇　女员工特殊保护

第十三章　企业如何依法管理女员工"三期"休息休假？// 203

13.1　企业可否规定孕期女员工在工作时间内产检次数和时间？// 204

13.2　企业能否替女员工选择孕检医院或者待产分娩的医院？// 205

13.3　产假的确定和计算 // 206

13.4　能否提前休产假？// 206

13.5　怀孕女员工提出长期休假保胎，如何处理？// 207

13.6　陪产假及相关制度设计 // 208

第十四章 "三期"女员工的劳动合同管理 // 213

14.1 企业可对"三期"女员工调岗降薪吗？// 214

14.2 企业可否解除"三期"女员工的劳动合同？// 217

14.3 "三期"内女员工合同期满顺延未签订合同是否需支付双倍工资？// 220

第七篇　员工违纪处理

第十五章 制度中常见的员工违纪行为处理设计 // 225

15.1 企业能否设定罚款？// 227

15.2 员工违纪，企业可否调岗或降薪？// 229

15.3 对违纪员工可以进行"待岗"处理吗？// 229

15.4 对违纪员工可以开除或除名处理吗？// 230

15.5 自动离职 // 230

15.6 警告、记过、记大过 // 231

15.7 企业解除严重违纪员工的劳动合同时应规范用语 // 231

15.8 处理措施的级别分类和违纪累进处理 // 231

15.9 关于对代通知金的理解和适用 // 233

第十六章 常见的一些违纪行为处理 // 239

16.1 企业对违纪员工采取处理措施时，切勿侵权 // 240

16.2 员工兼职，企业该如何处理？// 243

16.3 能否直接规定"禁止兼职，否则视为严重违纪违规"？// 245

16.4 如何理解严重失职，给企业造成重大损害？// 247

16.5 如何收集证据，以及如何应对员工拒绝签收处分、解雇通知书的行为？// 250

第一篇
认识劳动关系

第一章

劳动关系的概念

1.1 劳动关系核心含义

从传统的定义来看，劳动关系是指劳动者与用人单位依法签订劳动合同而在劳动者与用人单位之间产生的法律关系。劳动者接受用人单位的管理，从事用人单位安排的工作，成为用人单位的成员，从用人单位领取劳动报酬和受劳动保护。

用人单位，是指中华人民共和国境内的企业、个体经济组织、民办非企业单位等组织。同时也包括与劳动者建立劳动关系的国家机关、事业单位、社会团体。

劳动者，是指达到法定年龄，具有劳动能力，以从事某种社会劳动获得收入为主要生活来源，依据法律或合同的规定，在用人单位的管理下从事劳动并获取劳动报酬的自然人。

员工劳动关系管理是人力资源管理常见的六大模块之一。员工劳动关系是企业人力资源的主线，失去员工劳动关系这条主线，人力资源管理就失去了基础。

依据原劳动和社会保障部《关于确立劳动关系有关事项的通知》（劳社部发〔2005〕12号）规定，用人单位和劳动者应当具备主体资格条件，用人单位包括中华人民共和国境内企业、个体经济组织、民办非企业单位，以及与劳动者建立劳动关系的国家机关、事业单位、社会团体等。劳动者的年龄范围一般应在年满16周岁到退休年龄之间。用人单位和劳动者之间存在管理与被管理的劳动关系，用人单位的规章制度适用于劳动者。

1.2 劳动关系涉及的相关法律

在谈及劳动关系时，不得不提的一点是 1995 年 1 月 1 日生效的《中华人民共和国劳动法》[①]（以下简称《劳动法》）。这部《劳动法》是我国综合全面调整劳动关系的法律，是调整劳动关系的基本法。在劳动法的基础上相关部门制定了包括规范劳动合同、社会保险、劳动标准、劳动争议处理、劳动监察等方面的单行法律、行政法规和部门规章与之配套，此外，全国各地方政府也相应制定了适用于本行政区的地方性劳动法规和规章。

规范劳动关系的法规主要包括：

- 劳动合同：《中华人民共和国劳动合同法》（以下简称《劳动合同法》）及《中华人民共和国劳动合同法实施条例》（以下简称《劳动合同法实施条例》）等。
- 社会保险：《中华人民共和国社会保险法》（以下简称《社会保险法》）和《实施〈中华人民共和国社会保险法〉若干规定》《工伤保险条例》《失业保险条例》等。
- 制定劳动标准：《工资支付暂行规定》《最低工资规定》《企业职工患病或非因工负伤医疗期规定》《职工带薪年休假条例》等。
- 劳动争议处理：《中华人民共和国劳动争议调解仲裁法》（以下简称《劳动争议调解仲裁法》），《最高人民法院关于审理劳动争议案件适用法律问题的解释（一）》，以及规定了劳动监察的《劳动保障监察条例》。

发生劳动关系纠纷后，适用法律条例清单主要如上所述，当然，各省市自身也有相应的解释和条款，这里就不一一列举了。

[①]《劳动法》于 1994 年 7 月 5 日第八届全国人民代表大会常务委员会第八次会议通过，1995 年 1 月 1 日生效。2009 年 8 月 27 日第十一届全国人民代表大会常务委员会第十次会议《关于修改部分法律的决定》第一次修正《劳动法》。2018 年 12 月 29 日第十三届全国人民代表大会常务委员会第七次会议《关于修改〈中华人民共和国劳动法〉等七部法律的决定》第二次修正《劳动法》。

由于国家对劳动者的保护相对来说比较到位，相应条款的宣传力度也比较大，加上现在网络比较发达，任何人都可以很容易地获取各类信息，所以这种情势就要求企业在制定各项管理制度的时候，一定不要和相关的法律冲突，否则易导致内容无效。

1.3 劳动关系法律效力

和劳动关系实施配套的劳动法规定非常多，有的地方存在针对同一问题不同法规有不同规定的情形，哪些法律法规有效，哪些已经废止，在繁杂的法律法规面前，广大读者遇到这种问题，首先应该考虑的是法律效力的问题。

那什么是法律效力呢，《中华人民共和国立法法》有明确规定：同一机关制定的法律，特别规定与一般规定不一致的，特别规定的效力高于一般规定的效力；新的规定与旧的规定不一致的，新的规定效力高于旧的规定效力。假如新法的一般规定和旧法的特别规定相冲突，旧法的特别规定效力就高于新法的一般规定效力。所以，通常效力等级由高向低依次为国家法律、行政法规、地方性法规和规章。

此外，在涉及法律效力的时候，也建议读者朋友们多咨询一下当地的专业律师，当地的律师一般也熟悉当地的相关法律法规详细信息，有助于大家处理各类纠纷。

第二章

特殊的劳动关系

2.1 劳务关系

劳务关系是指由两个或两个以上的平等主体通过劳务合同建立的一种民事权利义务关系，是劳动者与用工者根据口头或书面约定，由劳动者向用工者提供一次性或者是特定劳动服务，用工者依约向劳动者支付劳务报酬的一种有偿服务法律关系。

劳务关系所签订的合同可以是书面形式，也可以是口头形式和其他形式。

劳务关系由《中华人民共和国民法典》（以下简称《民法典》）进行规范和调整，建立和存在劳务关系的当事人之间是否签订书面劳务合同，由当事人双方协商确定。

常见的劳务关系主要有以下几种情形：

一是发包承包方式。用人单位将某项工程发包给某个人或某几个人，或者将某项临时性或一次性工作交给某个人或某几个人，双方订立《劳务合同》形成劳务关系。从事这类劳务的人员一般是自由职业者，身兼数职，劳务人员多通过中介机构存放档案，个人缴纳社保，企业无须负责。

二是劳务派遣方式。用人单位向劳务输出公司提出人员需求，由劳务输出公司向用人单位派遣劳务人员，双方订立《劳务派遣合同》，形成较为复杂的劳务关系。

三是临时劳务方式。企业中的待岗、下岗、内退、停薪留职人员，在外从事临时且有经济报酬的工作而与其他用人单位建立的劳务关系。在这种条件下，劳务人员与原单位的劳动关系依然存在，所以与新的用人单位只能签订劳务合同，建立劳务关系。

总之，对于企业常年性岗位上的劳动者，用人单位必须与之建立劳动关系并且签订劳动合同。一次性或临时性的非常年性工作或可发包的劳务事项，用人单位可使用劳务人员并与之签订劳务合同。

劳动关系和劳务关系之间主要存在以下区别：

2.1.1　在适用法律依据方面

劳动关系主要由《劳动法》进行规范和调整，法律的适用也更多地体现出国家对劳动者强制性的保护。同时劳动关系的建立需要以当事人双方的劳动合同为依据，为了更好地对用人单位进行规范，必要时还可以由工会代表职工和用人单位签订集体合同，就劳动报酬、工作时间、休息休假等方面作出约定。例如，《劳动合同法》第十条第一款规定："建立劳动关系，应当订立书面劳动合同。"第五十一条规定："企业职工一方与用人单位通过平等协商，可以就劳动报酬、工作时间、休息休假、劳动安全卫生、保险福利等事项订立集体合同。集体合同草案应当提交职工代表大会或者全体职工讨论通过。集体合同由工会代表企业职工一方与用人单位订立；尚未建立工会的用人单位，由上级工会指导劳动者推举的代表与用人单位订立。"而劳务关系的法律依据主要来源于《民法典》，在当事人双方建立劳务关系的条件上并没有建立劳动关系要求的那么严格，而是可以根据当事人之间的约定来决定是否需要书面凭证进行确定，对于工资报酬、劳动休息等方面也更多地体现出双方的自主性。

2.1.2　在当事人双方的隶属关系方面

在劳动关系中，用人单位和劳动者之间存在隶属关系，当事人之间的地位是不平等的，劳动者加入用人单位，成为用人单位的职工，用人单位依据相关单位章程对职工的工作活动进行有效监管。而在劳务关系之中，当事人之间是一种平等的关系，不存在隶属的情况，双方当事人之间体现出很强的自主性，提供劳务者也不是用人单位的职工。

2.1.3　在当事人之间的权利、义务关系方面

在劳动关系中，用人单位必须按照法律或规章的规定为劳动者办理社

会保险，单位职工在从事工作的过程中受到损害时可以进行工伤认定。而在劳务关系中用人者不负有为提供劳务者办理社会保险的法定义务，在提供劳务的过程中受到损害的则根据不同情况区别对待：提供劳务者因工作对第三人构成侵害的，则由接受劳务一方对外承担责任；提供劳务者因提供劳务导致自身受到损害的，则根据双方当事人之间的过错来承担相应的责任。

2.1.4 在主体方面

劳动关系的主体一方必须是具有用人资格的法人或者组织，而另一方必须是年龄适格，具有相应劳动能力的自然人。例如，《劳动法》第二条规定："在中华人民共和国境内的企业、个体经济组织（以下统称用人单位）和与之形成劳动关系的劳动者，适用本法。国家机关、事业组织、社会团体和与之建立劳动关系的劳动者，依照本法执行。"

劳务关系的主体在立法上则表现得更加宽泛，当事人双方既可以是自然人，也可以是单位和个人。

2.1.5 在人事管理方面

在劳动关系中，用人单位对于违反劳动纪律和规章制度的劳动者可以采取如降级、撤职和解除劳动关系等处分。而在劳务关系中，用人者虽然也可以对提供劳务者做出解除劳务关系甚至罚款等行为，但是并不存在解除提供劳务者某种"身份"关系的做法。

2.1.6 在工资待遇方面

在劳动关系中，用人单位要严格按照劳动法律规定在劳动报酬、休息休假、保险福利等方面对劳动者进行保障，以及承担相应的工伤、医疗、失业、养老等方面的社会保险责任。同时，在劳动报酬方面要遵循按劳分配的原则和执行最低工资标准的原则，对于劳动派遣方面也有着明确的规定。在劳务关系中，当事人双方的权利、义务都是在不违反法律的强制性规定和社会公共利益的前提下自愿协商的结果，体现出很强的自治性。

在实际经济生活中，有个别用人单位为了逃避劳动法律责任，没有及时与劳动者签订劳动合同，但只要双方实际履行了上述权利和义务也就形成了事实上的劳动关系。事实上的劳动关系与劳动关系相比，仅仅是欠缺了书面合同这一形式要件，但并不影响劳动关系的成立。

而且从劳动者角度来说，劳动合同关系和劳务关系获得的收入所需缴纳的个人所得税也有所不同。

2.2 劳务派遣

劳务派遣是一种非常特殊的用工方式，是劳务派遣单位根据用人单位的实际工作需求，招聘合格人员，并将所聘人员派遣到用人单位工作的一种用工方式。

劳务派遣的主要特点总结起来就是"招人不用人""用人不招人"的招聘与用人相分离的用工模式，其特征如下：

- 用人单位负责对派遣员工的使用和使用中的岗位管理：原则上不负责派遣员工人事管理，人事管理归派遣单位；
- 用人单位和派遣单位双方签订《派遣协议》：协议中约定各自的权利和义务，同时也约定被派遣员工的权益和保障措施；
- 用人单位不和派遣员工发生劳动关系：劳务派遣单位和派遣员工签订《劳动合同》并负责派遣员工的培训、工资福利、社会保险、绩效考核等日常的 HR 管理，其中，绩效考核可以由用人单位给予的评价作为考核的部分依据；
- 被派遣员工是派遣单位聘用的员工，派遣单位必须承担相关的劳动法律责任，包括员工劳动关系的建立和解除都要由派遣单位负责；
- 派遣单位通过向实际用人单位收取包括派遣员工工资、社保、福利、管理费等各项费用，来维持自身的生存和发展。

劳务派遣单位对劳动者的义务主要包括：

- 保障劳动者享有与用工单位招用的劳动者同工同酬的权利；

- 严格依据劳务派遣协议向劳动者支付劳动报酬；
- 日常劳动关系的管理责任，如培训、考核等；
- 在跨地区派遣时应当保证劳动者的劳动报酬、劳动条件，符合用工单位所在地的标准；
- 劳务派遣协议的内容需要预先和劳动者做充分的沟通；
- 保障劳动者依法参加或者组织工会的权利；
- 对劳动者的劳动承担连带赔偿责任；
- 解除劳动关系按照法律给予补偿的责任。

用工单位对劳动者的义务主要包括：

- 执行国家劳动标准，负责提供相应的劳动条件和劳动保护；
- 保障劳动者的报酬和劳动条件符合用工单位所在地区的标准；
- 保障劳动者同工同酬的权利；
- 告知劳动者的工作要求和劳动报酬；
- 进行必要的劳动相关培训；
- 不得将劳动者转派遣（再次派遣到其他用人单位）；
- 保障其依法参加或组织工会的权利；
- 承担《派遣协议》中约定的连带赔偿责任。

2.2.1 不得克扣劳动报酬

《劳动合同法》第六十条第二款明确规定，劳务派遣单位不得克扣用工单位按照劳务派遣协议支付给被派遣劳动者的劳动报酬。

2.2.2 用工单位的禁止行为

根据《劳动合同法》第六十二条第二款规定，用工单位不得将被派遣劳动者再派遣到其他用人单位。

根据《劳动合同法》第六十七条规定，用人单位不得设立劳务派遣单位向本单位或者所属单位派遣劳动者。

劳务派遣单位与用工单位的共同禁止行为：根据《劳动合同法》第六十条第三款规定，劳务派遣单位和用工单位不得向被派遣劳动者收取费用。

2.2.3 劳务派遣单位与用工单位的协议与双方的法律责任

1. 劳务派遣协议

根据《劳动合同法》第五十九条规定，劳务派遣单位派遣劳动者应当与接受以劳务派遣形式用工的单位（以下称用工单位）订立劳务派遣协议。劳务派遣协议应当约定派遣岗位和人员数量、派遣期限、劳动报酬和社会保险费的数额与支付方式以及违反协议的责任。用工单位应当根据工作岗位的实际需要与劳务派遣单位确定派遣期限，不得将连续用工期限分割订立数个短期劳务派遣协议。

2. 双方的法律责任

根据《劳动合同法》第九十二条规定，劳务派遣单位违反本法规定的，由劳动行政部门责令改正；逾期不改正的，以每人五千元以上一万元以下的标准处以罚款，并由工商行政管理部门吊销劳务派遣业务经营许可证；用工单位给被派遣劳动者造成损害的，劳务派遣单位与用工单位承担连带赔偿责任。

2.3 实习关系

实习是指学生在校学习期间，到用人单位具体岗位上参与实践工作的过程，实习关系常常针对的是在校学生。

很多企业使用实习生，到了实习生毕业该转正的时候拖延审批造成事实劳动关系，学生毕业前后和企业的关系不同，毕业前是实习关系，毕业后就自动成为劳动关系，HR部门要提醒用人单位注意这种法律风险。对于这种问题，需要注意以下三点：

一是实习生和企业不存在劳动关系，和企业只能签《实习协议》，不能签《劳动合同》，而正式员工和企业存在劳动关系；

二是实习生只能享受实习补助，不能享受正式员工的待遇，如五险一金等；

三是实习生和企业是松散的管理关系，企业有些制度对实习生是无效的，正式员工应严格遵循企业各项规章制度。

实习基本分两种情况。一种是实习人员与单位建立劳动关系，根据法律法规的要求在单位通过实践进行一定的专业训练，如《专利代理条例》中规定，初次从事专利代理工作的人员，实习满一年后，专利代理机构方可发给专利代理人工作证。在这种实习中，实习人员必须与单位建立劳动关系，目的在于增强从事这些专业工作的熟练度，以便将来能够较为独立地从事这样的职业。存在类似情况的还有律师、医师等。

另一种是实习人员出于学习或者以后工作的需要在单位进行社会实践的行为，如大学生的毕业实习等。对于这种实习生与单位的关系是否属于劳动关系需要根据具体情况进行分析。

2.3.1　在校学生利用业余时间勤工俭学

在校学生利用业余时间勤工俭学，这种情况下与用人单位建立的关系一般不能认定为劳动关系。根据《劳动部关于贯彻执行〈中华人民共和国劳动法〉若干问题的意见》（劳部发〔1995〕309号）第十二条规定，在校生利用业余时间勤工俭学，不视为就业，未建立劳动关系，可以不签订劳动合同。这里实习生的身份是学生，而学生以完成学业为主要任务，不是以打工获取劳动报酬为生，不以就业为主要目的，因而不具备劳动法意义上的劳动者身份。

2.3.2　准毕业生进入用人单位实习

这种情况是用人单位与准毕业生达成初步意向后，用人单位要求准毕业生到其单位实习，带有试用和考察的性质。准毕业生实习在于接触社会，实践自己在书本上学到的理论知识，以就业为根本目的。这时的实习生或与用人单位签订了劳动合同，或与用人单位签订了实习就业协议或三方协议，或者虽然什么都没签但是接受实习单位管理领取了单位发放的劳动报酬。准毕业生作为行将毕业的学生，具备面向社会求职、就业的条件，此情形不属于利用业余时间勤工助学，在司法实务中有时会被认定为劳动关系。

在校学生在实践的过程中与企业建立的用工关系属于实习关系，实习期只适用于在校学生。一些用人单位为了逃避社会保险或最低工资的限制，故意与符合劳动者资格的非在校学生签订实习协议，这是违法的也是无效的。实际上即便签订实习协议，用人单位和非在校学生也存在事实劳动关系。

2.4 灵活用工

近些年，随着经济的发展，各种用工形式层出不穷，其中灵活用工无疑是比较火的一个概念。然而，到底什么是灵活用工，灵活用工跟其他用工形式相比到底有何不同，却很少有人能讲清楚。不信，看看以下几个问题，你能答出来吗？

1. 穿梭在大街小巷的那些外卖骑手跟外卖平台是什么关系？是外卖平台的员工吗？

2. 直播平台上的网红主播们跟直播平台是什么关系？是直播平台的员工吗？

3. 餐饮企业将员工借给生鲜零售企业的所谓"共享员工"是怎么回事？这种"共享员工"是灵活用工吗？

4. 公司里雇的负责打扫卫生的清洁工算是灵活用工吗？

5. 快餐店、便利店里用的兼职人员算是灵活用工吗？

6. 员工白天在公司上班，业余时间给其他公司做业务顾问，这算是灵活用工吗？

7. 银行有大量的劳务派遣员工，这是灵活用工吗？

看完这些问题，是不是觉得头更大了，用工形式也太复杂了吧？！

灵活用工是企业优化成本结构的一种具体办法，指企业短期及项目性用工模式，同时也是传统固定用工的补充，包含劳务派遣、外包用工、非全日制用工、退休返聘、实习等劳务用工，以及其他招用短期或临时性人员的用工方式。

传统用工与灵活用工的区别如下：

传统用工。企业与员工签订劳动合同，双方出现问题纠纷适用《劳动法》，关系固定，企业责任大。企业成本相对较高、负担较重（薪资、福利）、风险大（劳动纠纷、工伤）、员工个税费用高。

灵活用工。有服务协议但无正式劳动合同，双方出现问题纠纷适用《民法典》，关系灵活，责任各自承担。灵活用工大大地降低了企业的人力成本，有利于聚焦核心业务，个人收入明显提升。

一般而言，凡是不签订正式劳动合同并存在服务关系的基本都可以归类为灵活用工。

须注意的是，很多企业为了节省社保费用，不想履行法律责任，简单粗暴地把员工转为灵活用工，自认为没有用工风险了。还真不是那么简单，就连外卖员都有可能被认定为事实劳动合同关系，到时候企业可能会面临被起诉的风险，HR也要承担相应的责任。

【实战案例1】

2020年12月，小吴至某外卖站点应聘，经站长胡某面试，录用为站点的专送骑手。该站点所挂营业执照为南通某营销公司南京分公司。小吴租用站点的电动车，站点提供外卖服装、外卖箱。小吴以外送程序为平台，在站点范围内从事送餐服务。小吴的工作时间分早晚班：早班早7点至晚8点，中午休息一小时；晚班是上午10点至晚上12点。按照站长要求，每日需到站点报到。每月请假由站长批准。每日需在APP上打卡考勤，未按时上线或提前下线，站长均予以罚款。站长通过微信群管理。小吴每月收入根据APP记载的单量核算，每单为5—7元，由安徽某劳务公司和北京某网络公司发放报酬。

2021年5月，因站长降低每单报酬标准、拖延发放工资，小吴向站长提出离职，并向区仲裁委提出劳动仲裁，主张支付拖欠工资及未签合同的二倍工资，仲裁委裁定不予支持。小吴诉至本院。

被告南通某营销公司辩称，南京站点的劳务已经分包给安徽某劳务公司，站点人员系安徽某劳务公司招用，被告与小吴没有劳动关系。且小吴以其申请设立的个体工商户××区某服务部名义与安徽某劳务公司签订《配送承揽服务协议》，双方系承揽关系。

小吴一听急了，其对成立个体工商户毫不知情。经回忆，站长胡某曾让小吴在手机上下载某骑手APP并在网上签名，否则不发工资。小吴表示签字时并没有看到什么合同，个体工商户登记涉嫌造假。

为了查清案件事实，法院依职权追加安徽某劳务公司为本案第三人。

经查，南通某营销公司系某外卖平台的配送合作商。南通某营销公司与安徽某劳务公司签订配送业务外包服务合同，将位于南京站点的配送业务外包给安徽某劳务公司，由安徽某劳务公司招录骑手、配备劳动工具、支付骑手的承揽费用或劳务报酬。南通某营销公司根据项目完成情况向安徽某劳务公司支付服务费。在安徽某劳务公司与小吴签订的《配送承揽服务协议》、××区某服务部的申请登记材料上，多处有小吴的电子签名。

开庭审理后，承办法官首先对两公司进行法律知识普及，结合相关法律规定，分析公司应负的法律责任及诉讼风险。其次向小吴了解到纠纷的起因是站点克扣外送费，小吴希望尽快解决纠纷，以减少对现在工作和收入的影响。在承办人耐心细致的调解下，当事人最终达成调解协议，由公司将小吴的工资补足，并适当补偿，双方已实际履行，矛盾得以化解。

【案例分析】

1. 骑手与公司之间是劳动关系还是承揽关系？

根据传统劳动关系认定理论，劳动关系的成立需满足以下三个条件：第一，用人单位和劳动者具有法定的主体资格。第二，用人单位依法制定的规章制度适用于劳动者，劳动者受用人单位的劳动管理，从事用人单位安排的有报酬的劳动。第三，劳动者提供的劳动是用人单位业务的组成部分。劳动关系的主要特征体现为人身从属性和经济从属性。承揽关系是指承揽人按照定作人的要求完成工作，交付工作成果，定作人支付报酬的合同关系。劳动关系与承揽关系容易混淆，需结合双方权利义务履行情况综合判断。本案中，骑手小吴接受站长的考勤、派单管理，工作时间受到严格的限制，按单量计算工资报酬，由公司和平台发放工资。小吴持续、稳定地为站点工作，双方并非平等主体之间的承揽关系,而是存在紧密的人身从属性和经济从属性,符合传统劳动关系认定理论中的三个条件,应当认定为劳动关系。虽然公司提供了个体工商户登记材料和承揽服务协议,但系公司在未如实告知的情况下,引导骑手签字注册个体工商户,不能反映小吴的真实意思表示。如果构成虚假登记,提供虚假材料或以欺诈手段取得登记的当事人还需承担行政责任和民事侵权责任。

2. 骑手的用人单位如何确定?

实践中,平台通过分包或层层转包的方式将业务承包出去,往往出现平台 APP 派单、配送公司管理、劳务外包公司支付工资,骑手与多家公司均有用工牵连,却不清楚与哪家公司存在劳动关系,导致维权难度大、周期长。小吴就是这种情况。在判断用人单位主体时,应当根据实际用工事实作出认定。上述案件中,南通某营销公司系外卖平台的配送合作企业,承包了外卖的配送业务后,将南京站点的劳务部分分包给安徽某劳务公司,由安徽某劳务公司招用骑手,对骑手进行管理,小吴在该站点从事外卖配送工作,安徽某劳务公司和平台向小吴发放工资,安徽某劳务公司与小吴之间存在事实上的用工关系,应认定安徽某劳务公司为小吴的用人单位。

【实战案例 2】

2018 年 3 月 1 日,苏州某某网络科技有限公司(以下简称某某网络科技公司)聘用蒙某某为全职外卖配送员,派送站点为苏州某某步行街站,蒙某某每日通过"某骑手"APP 打卡考勤。双方未签订书面劳动合同,未缴纳社会保险,工资以现金及个人银行账户转账形式发放。2018 年 10 月 4 日,蒙某某在派送外卖过程中发生交通事故。因某某网络科技公司没有为蒙某某缴纳工伤保险,事故发生后,某某网络科技公司也没有为蒙某某申请工伤认定,致使蒙某某无法享受工伤待遇,故蒙某某向劳动仲裁委提起仲裁,要求确认其与某某网络科技公司之间存在劳动关系。

庭审中,某某网络科技公司提交了以蒙某某名义注册的"××市××镇××号某活商务服务工作室"营业执照、某某网络科技公司与某活(昆山)

网络科技有限公司签订的《"某活"平台服务协议》等证据材料,以证明蒙某某与某某网络科技公司之间不存在劳动关系,而是属于平等主体之间的合作关系。

【案例分析】

蒙某某为某某网络科技公司提供劳动,受某某网络科技公司指派、管理和监督,同时遵守某某网络科技公司内部的管理制度,某某网络科技公司向蒙某某发放相应的报酬,蒙某某与某某网络科技公司之间存在劳动关系,理由如下:

某某网络科技公司通过与上海三某科技有限公司签订配送站点合作协议,承接某某区步行街站点的外卖配送服务,某某网络科技公司取得使用某外卖品牌的权利。蒙某某的手机所安装的"某骑手"应用程序中载明其工作站点为"苏州某某步行街站",与某某网络科技公司承包的站点名称一致,由此证明蒙某某在某某区步行街所从事的外卖配送工作属于某某网络科技公司的主营业务。

某某网络科技公司通过"某骑手"应用程序对其员工进行管理,蒙某某须通过"某骑手"应用程序在规定的时间、规定的区域考勤签到,且某某网络科技公司对蒙某某进行统一的奖惩管理,蒙某某受某某网络科技公司的统一管理。

蒙某某的工资由某某网络科技公司通过刁某龙的银行账户发放,工商登记资料显示,刁某龙与某某网络科技公司均为昆山某通物流有限公司股东,其中某某网络科技公司占股99%,刁某龙与某某网络科技公司存在关联性。

某某网络科技公司为蒙某某投保雇主责任保险,而雇主责任保险的特别约定中载明:"雇员在接受某某外卖指定的订单配送服务期间,发生如下事故……"等字样,也足以证明蒙某某系某某网络科技公司员工,接受某某网络科技公司指派的送餐工作。

昆山市××镇××号某活商户服务工作室是某某网络科技公司在违背其员工真实意思的情况下,统一替其员工登记注册的,同时签订一系列"注册协议""转包协议"等,以规避用工风险,逃避税收。包括蒙某某在内,某某网络科技公司的所有外卖员均被注册了个体工商户。事实上，蒙某某及其他员工从未见过以其名义注册的个体工商户营业执照、印章及签章，蒙某某始终以全职外卖员的身份进行外卖派送，接受某某网络科技公司的统一管理。

【法院审理结果】

确认蒙某某与某某网络科技公司之间自2018年3月1日起存在事实劳动关系。

【操作建议】

依据劳动与社会保障部相关规定，用人单位招用劳动者未订立书面劳动合同，但同时具备下列情形的，劳动关系成立：①用人单位和劳动者符合法律、法规规定的主体资格；②用人单位依法制定的各项劳动规章制度适用于劳动者，劳动者受用人单位的劳动管理，从事用人单位安排的有报酬的劳动；③劳动者提供的劳动是用人单位业务的组成部分。据此，个人与单位之间是否存在人身上、组织上及经济上的从属性，是认定劳动关系最主要的判断要件。人身从属性主要指劳动者在与用人单位建立劳动关系后，将其人身在一定限度和范围内交给了用人单位进行管理，劳动者需遵守劳动纪律及内部规章制度约束（如考勤、考核、奖惩等）；组织从属性指劳动者由用人单位组织劳动，承担劳动风险；经济从属性指劳动者通过劳动向用人单位换取报酬的交换关系。

本案中，从人身从属性上看，某某网络科技公司通过"某骑手"应用程序对其员工进行管理，蒙某某须通过该应用程序在规定的时间、区域考勤签到，且某某网络科技公司对蒙某某进行统一的奖惩管理。从组织从属性上看，某某网络科技公司的主营业务和承包站点名称与蒙某某从事的外卖配送工作及地点一致，且某某网络科技公司购买了雇主责任保险，证明蒙某某受某某网络科技公司组织且公司承担劳动风险。从经济从属性上看，蒙某某的工资由某某网络科技公司通过刁某龙的银行卡账户发放，工商登记资料显示，刁某龙与某某网络科技公司存在关联性。

因此，蒙某某与某某网络科技公司之间符合劳动关系的构成要件。

外卖行业的兴起，一方面，提供了更多的就业岗位，缓解了就业压力；另一方面，也存在大量劳动合同不签、社会保险不缴的不规范用工现象，外卖人员的劳动权益得不到有效保障。该案件不只是一个个案，本案对认定新业态下的劳动关系的认定标准提供了参考，综合考量多种相关的因素，结合外卖送餐员工作的特点，适用劳动关系的认定标准以保障劳动者的合法权益。

第二篇
建立劳动关系

第三章

录用管理

3.1 有必要书面约定录用条件吗？

【实战案例3】

某医疗机构在媒体上发布了招聘院长助理的公告：录用条件是"本科以上学历，有同岗位工作经验，良好的沟通能力和文案撰写能力"，工作职责是协助上级领导办理日常事务及外联工作。

小A通过面试最终被企业录用，入职后双方签订了为期1年的劳动合同（其中试用期为1个月）。

然而小A入职后，该公司用人部门发现他与外籍客户沟通不够顺畅，严重影响工作进展，于是该企业决定与小A解除劳动合同。小A非常愤怒，他认为，企业在录用条件中对工作语言交流能力并没有特殊要求，现在以沟通不够顺畅作为解除劳动合同的理由不符合法律规定，应当支付经济补偿金。企业则认为小A仍在试用期内，企业可以随时解除劳动合同并且不需要支付任何补偿金，并且认为小A与外籍员工存在语言沟通的问题足以说明他不符合录用条件。

小A向劳动争议仲裁委员会申请仲裁，最终企业因无法证明小A不符合录用条件而败诉。

【案例分析】

用人单位之所以败诉，是因为该企业在设定录用条件时未书面化明确要求"具有流利的英语沟通表达能力"，且在前期面试中，也未对小A的英语实际表达能力进行测试。

为规避此类风险，用人单位招聘时应当在录用条件设计上做好以下几方面工作：

首先，对"录用条件"应当作出明确的界定。录用条件的设计一定要具体化，忌泛泛而谈。除了对所有员工的录用条件进行明确以外，每个岗位都可以设计个性化的录用条件，千万不要用"一刀切"的方式。

其次，要对"录用条件"事先公示。公示，简单来说，就是要让员工知道用人单位的录用条件。从法律的角度来说，就是用人单位有证据证明员工知道了本单位的录用条件。公示方法有以下几种：（1）通过招聘公告来公示，并采取一定方式予以固定，为诉讼保留证据；（2）招聘员工时向其明示录用条件，并要求员工签字确认；（3）劳动关系建立以前，通过发送聘用函的方式向员工明示录用条件，并要求其签字确认；（4）在劳动合同中明确约定录用条件以及不符合录用条件的情形；（5）规章制度中对录用条件进行详细约定，并将该规章制度在劳动合同签订前进行公示，同时将其作为劳动合同的附件。如果把岗位职责等要求作为"录用条件"，还必须完善自己的绩效考核制度，明确界定什么是符合岗位职责，什么是不符合要求，有一个可固化、可量化、可操作的标准。

录用条件看似不重要，但是方便用人单位后期进行人员管理，也会降低用人单位诉讼风险，HR 人员应予以重视，在前期明确界定并公示。

【操作建议】

证明录用条件已经告知员工，可通过以下几种方法：

1. 对于某些岗位，一般都会有比较详细的岗位任职条件的说明，这个可通过招聘公告、网站信息来证实。

2. 在发放录用通知书上重述该岗位录用条件，由员工签字确认。

3. 在员工入职后，与员工签订录用条件确认书。

4. 入职后，单位有岗位说明书的，要求员工签字或进行培训，培训时也要求员工进行培训签到，以确定员工知晓。

5. 对于单位劳动合同及规章制度中约定的录用条件及不符合录用条件的条款，员工要签字确认。

6. 在试用期考核表中标明录用条件，员工签字确认。试用期结束要及时进行考核，以判断该员工是否符合录用条件，对于不符合录用条件的员工，应及时向其发送不符合录用条件解除劳动合同的书面函件，说明理由，并确保签收。

模板：

录用条件确认书

员工姓名：　　　　　　身份证号：

工作岗位：　　　　　　入职时间：

试用期期限：自　　　年　　月　　日至　　　年　　月　　日

本人同意，在试用期内出现以下任一情况，均视为不符合录用条件：

岗位录用条件：

1. 试用期内员工存在任何工作内容或其他事项上的虚假陈述、提交虚假材料（此包含应聘入职时提供的材料：学历学位证书、工作经历、教育经历、体检证明材料等，也包括工作中向上级提交虚假的工作材料）、隐瞒事实的行为属于不符合录用条件。

2. 患有传染性、精神性、不可治愈性以及其他严重疾病；或体检结果不符合公司该岗位录用标准；试用期内因患病或非因工负伤导致无法履行试用期工作达1个月或以上的，视为不符合试用期录用条件。

3. 试用期内连续无故旷工达2天，累计旷工达3天的，视为不符合录用条件。

4. 与第三方同时存在劳动、人事关系，但在入职时未作出书面声明或提交的证明、承诺等虚假、不实的，视为不符合录用条件。

5. 不能按岗位职责或岗位描述完成工作任务的。

6. 在试用期内拒绝参加公司组织的考评，或者试用期考评成绩小于等于70分；劳动合同或公司相关制度规定的其他不符合录用条件的情形。

员工确认：

员工＿＿＿＿＿＿＿＿（身份证号：＿＿＿＿＿＿＿＿＿＿＿＿＿＿＿＿＿＿＿）已认真仔细阅读并充分理解本录用条件确认书，同时郑重承诺如达不到录用条件，本人愿意接受公司依法解除劳动合同的行为。

签字：

日期：

注：以上录用条件确认书模板一定要根据公司情况和岗位进行相应的调整。

3.2　公司发出 Offer 后可以反悔吗？

【实战案例 4】

张某是上海某公司的设计经理。最近，北京有家公司在招聘设计总监，张某经过面试拿到了该公司发出的正式录用 Offer，并约定了入职时间。张某为此辞掉了现在的工作，然后准备去报到，后其刚到北京，还未报到，公司就通知其撤回 Offer，原因是该职位已经有更合适的人选。张某大为恼火，向劳动仲裁委提起仲裁，要求该公司履行与自己签订的劳动合同。

后经劳动仲裁委裁定，北京的这家公司赔偿张某在就业期间的各项损失 10000 余元。

【案例分析】

Offer Letter 的法律效力

企业向员工发放录用通知函（Offer Letter），其实是一种要约的法律行为，对企业和员工双方进行约束。然而，Offer Letter 本身不是劳动合同，在一般情况下，雇佣双方会另行签订劳动合同。如果两者在条款上产生矛盾，那么劳动合同将取代 Offer Letter 来规范劳动关系当事人。既然 Offer Letter 在员工承诺后，是一份对双方都有约束力的合同，那么企业单方面撤销录用，解除该合同，是否具有法律效力？企业为此应该承担什么样的违约责任？这里的关键在于企业解除的究竟是一份合同还是一段劳动关系。由于 Offer Letter 的本质仅是双方达成聘用意向，在很多情况下，聘用双方会在条款中具体明确员工的录用或入职日期，因此 Offer Letter 虽然成立了，但是在约定的录用日期之前企业与员工的劳动关系还没有形成。那么在此情况下，Offer Letter 的效力受到《民法典》的调整，企业单方解除合同在法律上被称为违约，如果员工证明其因为企业的违约行为遭受损失，那么企业就应该对该损失承担赔偿责任。

然而，在某些情况下，企业的违约行为将不仅涉及合同本身，而且还涉及解除劳动关系的问题。如果企业在发送 Offer Letter 后，员工即履行劳动义务，或者员工能够举证劳动关系的各项权利义务已经履行，那么双方实际上就已经形成了劳动关系。企业的撤销录用就直接成为解除劳动关系的法律行为，其行为应该直接受到《劳动合同法》的调整。依据《劳动合同法》的相关规定，用人单位解除劳动关系必须严格依据法定的标准，其随意的解除行为会因为员工的诉请而被仲裁委员会或法院撤销。当然，如果员工同意企业的单方解聘行为，那么企业必须按照法定的标准向员工承担违约责任。

【操作建议】

Offer Letter 中文通常被称为聘用意向书或录用通知书。一直以来，很多用人单位都会认为，企业只有和求职者签订劳动合同，才算正式确立劳动关系，在此之前双方没有法律约定的权利义务关系，因此无须对求职者负责。因此，有些用人单位即使已经对求职者发出了 Offer Letter，也可能随时取消录用。这种做法无疑会给企业带来劳动用工风险。

用人单位，特别是外企，在招用员工时，通常会使用到 Offer Letter，有时又难免需要取消 Offer Letter。既然，Offer Letter 通常被视为一种要约，那么公司签发的 Offer Letter 一旦被应聘者接受，也就意味着企业开始承担法律风险。那用人单位如何操作才能减少因 Offer Letter 引起的劳动纠纷呢？

1. 认识 Offer Letter 的法律性质。Offer Letter 在法律英语中的含义是"要约"，根据《民法典》的规定，"要约"就是希望和他人订立合同的意思表示。这个意思表示应当内容具体确定，并且要约人一旦作出了承诺，就要受意思表示的约束。因此，Offer Letter 一旦发出，就对用人单位产生法律约束。与此同时，Offer Letter 的生效与否取决于应聘者。应聘者可以选择接受，或不接受 Offer Letter。如果应聘者选择接受了则生效，企业就应承担法律责任；否则，Offer Letter 不发生效力，企业自然没有责任可言。

2. 正确制作和签发 Offer Letter。通常情形下，Offer Letter 的格式和内容是用人单位单方决定的。用人单位可以根据自己的需要确定劳动者的岗位、薪酬、福利、培训、发展等方面内容。在具体制作和签发 Offer Letter 的时候，需要注意以下两点：

（1）Offer Letter 应明确应聘者承诺的期限。企业在制作 Offer Letter 时，需要将应聘者回应确认的期限列明。这样做有两个好处：一是做好应聘人员的管理，如果拟录用的人员不能按期确认，可以留出重新选人的时间；二是有效防范潜在的法律风险，只要拟录用者不能按期确认，公司取消此职位或另换新人并无法律风险。

（2）Offer Letter 应约定合意达成后的违约责任。由于各种可能的原因存在，Offer Letter 即便达成合意，双方中的一方也有可能违约。在此种情形下，最好是事先约定违约责任，这样一是有利于以后的争议解决，二是有利于双方预估违约后的责任承担。当然，即便双方没有约定违约金，也不会影响一方按照实际损失额向相对方请求赔偿。

下面是一个典型的 Offer 示例，大家可以参考。

[模板]

录用通知书

尊敬的_____先生/女士：

现荣幸函告阁下，结合您的个人条件及公司岗位需要，本公司决定录用您担任_____职务。

经协商，入职日期定于_____年____月____日，签订三年劳动合同，试用期为____个月，试用期满，若工作业绩、表现符合公司规定，则予以转正。

您的岗位职责及待遇说明情况如下：

一、录取条件及岗位职责

详见附件岗位说明书、录用条件说明。

二、薪酬待遇

1. 工资总额为：税前_____元/月，试用期基本薪资按 80% 计发，试用期间无绩效工资。

2. 需要支付个人所需缴纳的社会保险、公积金部分、个人所得税及其他扣款，由公司代扣代缴。

3. 公司实行收入保密制度，您有义务对您的薪资内容保密。员工之间禁止打探、传告或议论个人收入情况，否则公司将作解除劳动合同处理。

4. 请在约定日期到公司办理入职手续，逾期未报到，公司视为您自动放弃本岗位，公司有权另聘他人。如遇特殊情况需延期入职，需与公司沟通并经双方同意后书面确认。如无任何原因超过入职日期 3 天或单方解除聘用约定，本公司将保留追究该录用岗位的招聘费用及职位空缺给公司造成的经济损失的权利。

5. 请您入职之前或入职当日携带入职体检报告、身份证正本及复印件、学历证书正本及复印件、任职资格（专业技术等级）证书正本及复印件、与原单位解除劳动关系证明或档案关系证明或无业证明、3 张 1 寸彩色白底照片到人力资源中心报到。

6. 根据本公司的招聘程序，我们将对您过往的工作经历、相关证明文件、证书进行核实，如有虚假、编造履历行为或有不良职业道德问题，公司将取消本次录取。另外对于体检不合格者，本公司将按照国家及地方关于从业人员的规定不予录取。

7. 本 Offer 与签订的劳动合同以及本公司的规章制度内容有不一致时，以劳动合同及规章制度为准。

8. 请您于收到 Offer 后 3 天内邮件确认接受 Offer，未在约定时间内回复确认，视为您主动放弃此 Offer。

我们非常高兴您能加盟我公司，若有任何疑问，欢迎随时致电人力资源中心。

联系人：　　　　　　电话：

×× 公司

年　　月　　日

录用通知书回执

本人已收到此通知书，接受通知书中关于薪资待遇、入职时间、工作安排等约定，并能够按照通知书的要求准备相关材料按时报到。

录用人签名：　　　　　　身份证号：

　　　　　　　　　　　　　　　　日　期：　　　年　　　月　　　日

3.3　背景调查可以随便做吗？

越来越多的企业在招聘的过程中，会对候选人进行背景调查。一般来说，对于管理人员，85%以上的企业会做背景调查，而高管类的职位百分之百会对应聘人员做背景调查。不过，背景调查是一件很敏感的事情，而且经常出问题。

【实战案例5】

候选人王某被猎头推荐到某公司面试技术总监，面试结束后，公司对王某比较满意，不过鉴于此岗位比较重要，老板要求人力资源部先对王某进行背景调查。HR在没有和王某做任何沟通的情况下，就开始打电话致李先生做王某的背景调查，由于王某还没有从原公司辞职，公司知晓此事后，直接就辞退了王某。

王某一怒之下，以侵犯他人隐私权为由将这家公司告上法院。后来法院判决王某胜诉，要求此公司对王某进行赔偿。

【案例分析】

这家上市公司之所以败诉，最大的问题就是没有事先告知候选人要进行背调并取得授权。

"背调"不是背地里做调查。合规的背景调查，需要获得被查询人本人的授权。也就是说，必须在被查询人事先知情并提供个人基本信息的前提下，才能对被查询人的信息进行核实。

授权既是对企业自身的法律保护，也是对被查询人隐私权的尊重。

【操作建议】

入职背景调查

一、谁来负责做背景调查？

拟录用员工的工作经历真实性主要通过背景调查来核实，通常情况下背景调查由人力资源部负责（或者委托第三方负责调查）。

（一）人力资源部门自己进行调查

人力资源调查的主要优点是能掌握第一手真实信息（第三方有可能造假），调查针对性强并且成本低。自己调查的主要缺点是个人主观色彩较浓，调查可能不够严谨客观。

自行调查需要特别注意的一点是要回避从竞争对手挖人的情形：如果该候选人是从竞争对手那里"挖"过来的，前雇主难免会对此类调查有抵触情绪，人力资源部门联系上家单位的时候势必形成尴尬的局面。但是如果应聘者是从已入职同事原来所在公司过来的，通过现有同事进行单独调查就可以深入了解应聘者在原来企业的实际情况。

人力资源部门通过职业化的方式对拟录用人员进行背景调查，抽查原来的企业人力资源部门，详细调查拟录用员工的工作背景。

这种方法的好处是调查的职业化，缺点在于拟录用员工信息可能泄露（员工离职一般会惊动企业人力资源部，可能会给员工离职设置阻力等），上家企业的人力资源部是否能够积极配合（有的企业人力资源部不愿意配合），这就需要人力资源部综合考虑和平衡。

（二）专业公司调查法

外包给比较专业的第三方调查公司进行统一处理，这类专业的调查公司有固定的调查信息渠道，比较专业，态度中立，能够做到客观。但是值得注意的一点是：在我国第三方员工背景调查的服务刚刚兴起，各类企业服务质量良莠不齐的情况下，人力资源部门在选择的时候一定要小心谨慎，弄不好会有带来法律风险的可能。

另外专业公司调查法的成本也较高，适合中高端人才。

（三）让猎头公司进行背景调查

这种做法比较节约精力和成本，但是某些猎头通常会帮助候选人做一些"技术处理"，因为他们跟候选人的利益是一致的，他们精心包装候选人的目的是尽快获得录用，所以企业在和猎头合作时要特别注意这一点风险，要在合作协议上约定虚假调查的责任。

有些时候，对于猎头调查的结果，HR 也可以再次调查，以确保调查结果的准确性，尤其是高管及核心技术岗位人员。

二、什么时候进行背景调查？

（一）员工入职前

大部分背景调查是在用人单位有录用意向但候选人尚未入职之前进行，称为入职前背景调查。需特别注意的是，背景调查前，一定要取得背景调查授权书。很多企业在候选人面试的时候要求填写面试登记表，其中一部分内容就可以作为背调调查授权书文件进行签署。

- 优点：一旦发现有造假的情况，用人单位可以灵活处理而且法律负担较小；
- 缺点：时间比较紧，不一定能够充分完成背景调查。候选人还有可能因为等待时间长而转向其他公司导致用人单位失去优秀的人才。

（二）员工入职后

即在员工试用期之内进行，一般来说企业试用期在 1 个月到 6 个月之间，这段时间完全能够进行充分的背景调查，也不用担心失去优秀的员工。

- 优点：尽快吸引优秀的人才；
- 缺点：企业辞退该员工要冒比较大的法律风险，而且如果该员工存在职业道德上的问题，给企业带来的损失会大很多。

业界比较好的做法是，企业大部分普通的岗位（职位）可采取入职前背景调查以防患于未然；对于企业紧急招聘的关键职位可以入职后再做背景调查，但需要在法律上做好相应的防范预案。

三、背景调查需要调查哪些人？

背景调查需要企业投入人力、物力和财力，如果企业资金宽裕则可以对所有入职者进行全方位的调查；如果企业人力、财力有限，则可以对一定级别的关键岗位以及有疑点的岗位进行背景调查，确保背景调查更加具有针对性。

四、背景调查内容有哪些？

员工背景调查的内容范围很大，一般情况下主要调查员工工作经历的真实性。此外，针对企业管理的实际需求，调查范围还可以包括身份识别、犯罪记录调查、教育背景调查、工作经历调查、业绩情况调查，等等。

身份识别是指核实候选人身份证的真假。

工作经历调查包括调查工作经历是否真实，即时间、职位、是否正常离职等信息，和以往工作表现。

业绩情况调查就是核实候选人的过往业绩是否有夸大其词的说法，这点往往可以通过与候选人同一时期在职的人力、上下游部门、上级等进行了解。

背景调查记录表参考范例如下：

背景调查记录表					
1. 基本情况						
姓名		部门		岗位	
2. 教育状况（从最近经历填起）					
学历	起止时间	学校/学院名称	专业	所获证书/学位	
公司名称：		调查时间：		调查人：	
调查方式及结果：						
3. 工作经历					
访谈单位		访谈电话		访谈对象	

续表

背景调查记录表	
请原单位确认内容 原单位答复内容 在原单位的任职时间　自＿＿＿年＿＿月至＿＿年＿＿月	
在原单位所从事的岗位？ 岗位的主要工作职责？ 工作表现是否令人满意？ 过往绩效考核结果如何？ 薪酬福利情况？（工作时间、待遇、福利等） 诚信度方面？ 与同事、上司、客户的关系？ 有无违纪记录？ 离职原因？ 是否愿意重新聘用该人？ 其他补充内容：	
调查结果：　□符合　　□基本符合　　□不符合	
调查人签字： ＿＿＿年＿＿月＿＿日	

◆ 小提示1

对于已经离职或即将离职的员工，除非在上家企业表现特别差，否则上家单位一般都不愿意说坏话。

获得有效的背景调查结果是一件不容易的事情，最佳方式是通过多种渠道验证，如入职本企业的其他员工（和拟录取员工来自同一个企业的），或者同一企业通过多人调查等。

可以通过网上搜索和候选人同一时间工作的同事简历等方式找到调查人。

背景调查授权书

鉴于与××公司的良好沟通与信任基础，本人同意××公司或其委托相应的机构对本人进行相关背景信息核查工作并授权如下：

本人在此授权××公司及其代理机构（以下合称核查人）以所有合理方式

对本人的全部背景信息进行全面核实，并承诺全力配合核实工作。本人知悉，所涉及背景信息可能包括但不局限于：个人基本履历信息、家庭信息、生活信息、无犯罪记录。

本人同意并授权知悉或掌握本人上述背景信息的个人、公司、机关、团体或者其他组织（以下合称信息披露方）充分配合上述核查人的调查核实工作，如实披露有关信息或出具相关证明材料。信息披露方的披露行为系经本人同意和授权，不构成对本人的侵权，本人不以任何形式追究信息披露方因此而可能产生的任何责任。我认可此授权书传真件、复印件、扫描件与原件具有同等效力。本人就上述调查所作同意及授权的自本授权书签署之日起生效且有效期至全部背景核实完全结束，除非双方另有约定。

本人保证提供给核查人的有关本人背景信息的内容真实、完整。本人理解并接受任何故意隐瞒、伪造或遗漏可能会导致拒绝聘用或解除劳动合同关系。

本次核查所出具的报告及其所有内容，仅用作与××公司聘用条件的参考，本人未同意及授权以与此次合作及核查无关的目的将该等报告或相关内容公开或披露给非委托方或任何其他无关第三方，核查人亦不得就此作前述公开或披露。并且本人在此承诺不得将合作方及核查人名称、所核查信息等泄露给任何无关第三方以及在互联网上发布相关信息。

授权人姓名（签字）：_____
身份证号：_____
时间：_____

◆ 小提示 2

背景调查授权书其实可以和候选人来公司面试需要填写的应聘登记表制作在一起，这样一是获取了候选人自己填写的信息，二是取得了授权。不过个人建议，启动背景调查最好的时机是双方谈妥 Offer 之后，而且对候选人目前在职的公司做调查，一定要先和候选人进行沟通。对于过往的其他经历，取得授权书后，根据实际需要就可以自行展开调查了。

3.4 自愿放弃缴纳社保,并签订协议可以吗?

【实战案例6】

张某于2015年4月1日入职某科技公司。张某本人是农业户口,未来也计划回老家发展,在北京缴纳社保,相对来说意义没那么大,于是他就和公司商量:不办理社保,公司适当地给其一些钱作为补偿,且愿意和公司签订协议。后来,张某向公司出具承诺书:我自愿不办理社会保险。2015年4月2日,公司又与张某签订了不办理社保的协议……2018年5月,张某以公司未为其办理社会保险为由向公司书面提出辞职,后申请劳动仲裁要求单位支付解除劳动合同的经济补偿金即3个月工资,并向劳动监察部门投诉补缴社会保险。

【操作建议】

实践中,员工基于每月可多拿些工资的想法或者认为买社保没什么用处等,会主动要求企业不办理社会保险,并出具自愿不办理社会保险的承诺书(或保证书,下同),或者双方就不予办理社会保险而签订协议。实践中类似承诺书和类似协议同时使用的情况也不少见。很多企业为了节约社保成本,也同意这种行为,觉得反正员工自己不愿意缴纳社保,还签协议,何乐而不为?

不少企业认为,员工只要出具不买社保的承诺书或双方签订不办理社会保险的协议就可以免除企业办理社会保险的责任,规避因社会保险问题而招致的相应法律风险。这种想法不可取。

第一,参加社会保险和缴纳社会保险费用系法律的强制性规定,也是企业和员工的法定义务,不因一方的承诺或双方协商一致而免除双方的社会保险参保和缴费义务。就不办理社会保险而由一方出具的承诺书或者双方签订的类似协议因违反社会保险法的强制性规定而无效,企业和员工亦应依法补缴社会保险(对于超过一定期限的社会保险能否补缴及如何补缴等,按当地规定执行）。

第二，依据《社会保险法》第五十八条和第六十条规定，企业应当自员工入职之日起三十日内为其办理社会保险，并依法按时足额缴纳社会保险费；对于应由员工本人承担的社会保险缴费部分，企业负代扣代缴义务。若企业违反关于社会保险参保和缴费等法律规定的，将承担相应法律责任，如企业不办理社会保险登记的，由社会保险行政部门责令限期改正；逾期不改正的，对企业处应缴社会保险费数额一倍以上三倍以下的罚款，对其直接负责的主管人员和其他直接责任人员处五百元以上三千元以下的罚款；企业未按时足额缴纳社会保险费的，由社会保险费征收机构责令限期缴纳或者补足，并自欠缴之日起，按日加收万分之五的滞纳金。逾期仍不缴纳的，由有关行政部门处欠缴数额一倍以上三倍以下的罚款。

第三，依据《劳动合同法》第四十六条规定，员工因企业未依法为其办理社会保险而解除劳动合同的，企业应当向其支付经济补偿金。但是，就不办理社会保险问题，一方出具承诺书或双方签署相关协议后，员工如以企业未办理社会保险为由提出解除劳动合同的，企业是否还因此承担支付解除劳动合同经济补偿金的责任？如本案所述情形，我们认为，虽然企业未办理和缴纳张某的社会保险，但究其原因系张某自愿要求不予办理，在此前提下，如仍要求企业支付经济补偿金则对企业明显不公平，也不符合《劳动合同法》关于经济补偿金支付的立法目的。

第四，在双方劳动关系存续期间，如果员工发生工伤事故，企业已办理工伤保险的，则工伤赔偿责任的主要部分由工伤保险机构予以承担，否则，只能由企业自行承担；再如，员工因治疗疾病花费数额较大的医疗费，若企业未办理其社会保险，则由企业承担医疗费报销责任……换言之，一方出具的承诺书或者双方签订的协议书不能免除企业应承担的社会保险赔偿责任。

所以，企业千万不要再做这种事情了。如果员工就是不愿意缴纳社保，那么企业该怎么处理呢？请看下一个案例。

3.5 员工不办理社会保险转入手续怎么办？

【实战案例 7】

李某于 2017 年 3 月入职北京一家公司，担任设计师职务，但一直未办理社会保险关系转入手续。2017 年 6 月至 9 月，公司数次催告李某办理社会保险关系转入手续，但李某以各种理由拒绝办理。2017 年 10 月 18 日，公司以李某"拒不配合办理社会保险关系转入手续，损害公司利益""严重违反规章制度"为由，解除与其的劳动关系。当天，李某申请仲裁，要求公司向其支付违法解除劳动关系的赔偿金。仲裁委经审理查明，公司规章制度确实就员工社会保险转入程序及相关风险进行了规定，最终驳回了李某的仲裁请求。

【案例分析】

企业用工管理过程中，也存在员工入职后拒绝办理社会保险的情形。比如，员工明确表示不办理社会保险，进而拒不提交办理社会保险的相关资料（如身份证、户口等），对于此类问题，企业该如何处理？

根据《劳动法》第七十二条规定，用人单位和劳动者必须依法参加社会保险，缴纳社会保险费。根据《社会保险法》规定，用人单位和职工均应当参加社会保险。由此可知，参加社会保险是用人单位和劳动者双方的法定义务。

因此，劳动者不配合用人单位缴纳社会保险费的行为，本身就是逃避这项法定义务，影响劳动关系的正常履行，而且使用人单位面临法律风险。因此，这是劳动者的一种严重过错行为。用人单位从合理合法规避法律风险的角度出发，解除与劳动者的劳动关系并无不妥。

【操作建议】

从更为稳妥的角度考量，因法律对劳动者不配合用人单位办理社保关系转入手续并未作出明确规定，建议用人单位可以通过完善规章制度来防范风险。

如本案例中的用人单位，将这种行为规定为"严重违反用人单位规章制度"的情形之一，就是一种正确的方法。发生相关情形时，用人单位可依据《劳动合同法》第三十九条第（二）项关于劳动者"严重违反用人单位的规章制度的"，用人单位可解除劳动合同的规定，合法解除劳动合同。

此外，用人单位还可通过试用期录用条件来约束劳动者的行为，明确"劳动者不配合用人单位办理社保关系转入手续的，不予录用"。发生相关情形的，可按不符合试用期录用条件处理即解除劳动合同。

3.6 女员工隐瞒怀孕状况入职，企业可否按欺诈入职处理？

【实战案例 8】

2014 年 8 月，应聘某公司的行政文员时，A 在应聘申请表上的家庭状况中的"子女""是否孕期"后填写了"无"。该表下面还有一行字：如果上述填写的个人信息存在虚假情况，公司可以立即解除劳动合同，不承担任何法律责任。A 签字表示同意。A 经过初试、复试，被公司录用为行政文员并签订劳动合同。A 入职一个月后忽然请假去医院产检，公司诧异，调查后得知：A 应聘时已经怀孕三个月，且应聘前已在妇产医院做过检查。

公司认为：A 在应聘时已知自己怀孕，系故意隐瞒怀孕事实，并以 A 入职时存在欺诈为由而解除了与 A 的劳动合同。A 认为，自己处于孕期，公司不能解除自己的劳动合同。双方因此引发争议，后 A 申请劳动仲裁，主张公司违法解除劳动合同，要求恢复劳动关系并赔偿损失。

【案例分析】

按《劳动合同法》第三十九条规定，劳动者以欺诈、胁迫的手段或者乘人之危，使用人单位在违背真实意思的情况下订立劳动合同的，用人单位可以解除劳动合同。

本案中，A 应聘公司的行政文员和办理入职时，故意向公司隐瞒自己的怀孕信息，且承诺：如填写的个人信息虚假，公司可立即解除劳动合同。因此，公司以 A 存在欺诈为由而解除劳动合同似乎并无不妥。但是，应聘者应聘和入职时隐瞒相关信息是否属于欺诈，则应具体问题具体分析：

第一，企业有权了解应聘者与劳动合同直接相关的基本情况，应聘者应当如实说明（《劳动合同法》第八条），而"与劳动合同直接相关的基本情况"，一般包括应聘者的技能、工作经历、学历等。

应聘者在应聘或入职时所隐瞒的情况恰恰是其必须依法如实说明的与劳动合同直接相关的情况，如谎报或伪造学历或工作经历等与岗位密切相关的信息内容，则可以视为员工以欺诈手段与企业签订劳动合同，则企业按《劳动合同法》第三十九条的规定解除双方劳动合同合理合法。

如企业招聘的岗位系孕妇禁忌岗位或者不适合孕妇从事的岗位，且在企业已告知其岗位性质的前提下，则女性应聘者应按企业要求如实说明是否怀孕。否则，应聘者隐瞒怀孕事实办理入职，则企业日后按上述做法解除劳动合同亦符合法律规定。

第二，企业招聘的岗位并非属于孕妇禁忌岗位或者不适合孕妇从事的岗位，则女性应聘者是否怀孕，系其个人隐私范围，应聘者有权不予提供或不予告知相关信息。虽然这种隐瞒是不诚信的行为，但也只能对其进行道德上的评价，而不能对其进行法律上的否定评价即不能按欺诈处理，换言之，隐瞒怀孕入职并不必然导致劳动合同无效。

第三，按《中华人民共和国就业促进法》（以下简称《就业促进法》）第二十七条规定，企业在录用职工时，除国家规定的孕妇禁忌岗位，以及根据实际情况不适合孕妇的工种或者岗位外，企业不得拒绝录用孕妇。如在并非孕妇禁忌和不适合孕妇的岗位情况下，女员工入职后，企业以其"隐孕"构成欺诈进而解除劳动合同的，则企业的做法实质上与企业在招聘员工时拒绝录用孕妇无异。此时，企业的做法就违反了法律法规之规定。同理，女性应聘者虽然在应聘时承诺如应聘信息虚假可由企业解除劳动合同，但我们认为该类承诺或约定因违反法律法规的禁止性规定而应属于无效条款。

本案中，A 应聘的岗位是行政文员，并非属于孕妇禁忌岗位或不适合孕妇从事的岗位，A 应聘和办理入职时隐瞒怀孕事实虽有过错，但不足以构成公司合法解除劳动合同的理由。因此，公司解除双方劳动合同的行为应认定为违法解除。

【操作建议】

为避免日后出现类似情况，企业在招聘女性员工时，首先，需明确所招聘的岗位系何种性质，是否属于孕妇禁忌岗位（参见《女职工劳动保护特别规定》），是否属于不适合孕妇的岗位（如饭店招聘礼仪小姐，需要经常出差的岗位，劳动强度大的岗位等）。如企业招聘的岗位属于上述情况之一，可认为女性应聘者怀孕与否是与劳动合同履行直接相关的基本情况。其次，如企业所招聘的岗位不适合孕妇，应采取恰当的方式告知女性应聘者岗位性质，并明确岗位的工作性质、劳动强度等因素，应聘者是否怀孕对履行岗位职责有着密切的关系。在这种情况下，如女性应聘者在入职前隐瞒已怀孕的事实，则入职后企业可依法与其解除劳动合同，并不需要支付经济补偿金。最后，采取必要的入职体检措施，但不得因此而违反法律法规关于录用女职工的强制性规定。

3.7 聘用未毕业的学生是否一定就属于实习关系？

【实战案例9】

2014年2月，22岁的大四学生李某通过招聘网站看到某广告公司招聘行政文员，投递简历后，按广告公司的面试通知，携带学校《毕业生双向选择就业推荐表》前往应聘……双方于2014年3月1日签订了劳动合同，并约定：李某担任行政文员，劳动合同期限自2014年3月1日至2016年2月29日，期限为两年，试用期2个月。

因大四第四学期已无课程安排，自2014年3月2日起，李某基本上每天都在公司上班。因李某工作表现好得到广告公司认可，按期办理了转正。2014年6月初，李某在公司上班时，不慎摔倒膝盖直接着地，导致右腿膝盖粉碎性骨折，经公司批准可在家休养至 2014 年 8 月底。其间，李某于 2014 年 7 月 1 日正式毕业。

2014 年 10 月，李某提出工伤认定申请，但广告公司认为李某与公司签订劳动合同时，还是在校学生，双方的劳动合同属于无效合同；且李某受伤时还未毕业，双方之间并非劳动关系，而是实习关系，依法不应认定为工伤……后来，广告公司向劳动争议仲裁委员会提出仲裁申请，要求确认双方劳动合同无效。经一裁两审，确认李某自 2014 年 3 月 1 日起与广告公司即建立劳动关系，双方的劳动合同合法有效。

【案例分析】

实践中，企业聘用未毕业学生的情况屡见不鲜，但企业与未毕业学生之间的关系该如何定性：是实习关系，还是劳动关系？我们认为，对实习关系与劳动关系进行定性的总原则为：不应仅仅以未毕业学生具有学籍，就认定双方不是劳动关系，而应该具体问题具体分析：

第一，李某并非勤工俭学和实习，而是基于就业目的到广告公司工作。

勤工俭学，是在校学生在学习之余的空闲时间打工以补贴学费、生活费，一般具有短期性或不定期性（参见《关于贯彻执行〈中华人民共和国劳动法〉若干问题的意见》：在校生利用业余时间勤工助学，不视为就业，未建立劳动关系，可以不签订劳动合同）；至于未毕业学生毕业前到企业实习，其目的是获取社会实践，或者是完成学校的学业安排。很多地方均原则性规定：对完成学校的社会实习安排或自行从事社会实践活动的实习，不认定劳动关系（但名为实习、实为劳动关系的除外）。

本案中，李某持《毕业生双向选择就业推荐表》应聘广告公司行政文员，就业的目的是明确和唯一的，这显然与勤工助学、实习等并非同一性质。

第二，李某具备与企业建立劳动关系的合法主体资格。

法律法规并未将未毕业学生排除在可建立劳动关系的劳动者主体范围之外；按《劳动法》第十五条规定，年满 16 周岁的完全民事行为能力人可以依法与企业建立劳动关系并签订劳动合同。李某入职广告公司时已满 22 周岁，符合法律规定的劳动者年龄条件；且李某应聘广告公司行政文员时已基本完成学业，并持《毕业生双向选择就业推荐表》应聘。

第三，广告公司与李某签订的劳动合同合法有效。

广告公司系依法登记注册而成立的企业，具有用工主体资格；而李某同样具备与企业建立劳动关系的劳动者主体资格，完全可以自己的名义与企业签订劳动合同；况且，广告公司招聘行政文员并未就应聘者的身份进行限制，李某在应聘过程中也并未隐瞒自己未毕业的事实，不存在欺诈等情形……因此，双方签订的劳动合同符合法律规定，应认定为合法有效。

上述案例虽然是个案，但对于企业与未毕业学生之间关系的处理，具有指导意义。

对于实践中企业经常使用未毕业学生，如符合以实习为名但实为劳动关系情形的，则应按《劳动合同法》的相关规定处理双方关系。一般来说，如下以实习为名的情形被认定为劳动关系的可能性较大：一是企业进行校园招聘，并要求学生毕业前即到企业工作；二是企业在招聘广告中明确应聘对象为未毕业学生；三是与企业建立常年就业关系的学校安排学生在毕业前到企业工作；四是未毕业学生与企业签署就业协议书并在毕业前到企业工作。

【操作建议】

应正确区分劳动关系和实习关系，以是不是学校安排的来区分。以完成教学任务为目的的一种教育实践活动，属于教学计划的一部分的，则是实习关系。如果不是学校安排的，也不是以完成教学任务为目的的，而是以就业或者劳动报酬为目的的，也不属于教学计划的一部分的，则是劳动关系。

在校大学生与单位之间建立何种关系，并不取决于双方签订的是何种协议，而是取决于双方法律关系的本质。比如，双方之间实际上是劳动关系（如就业型实习），并不会因为双方签订了《实习协议》就认定为是非劳动关系。该是劳动关系的，就还是劳动关系。

第四章

签订劳动合同

《劳动合同法》第十条规定："建立劳动关系，应当订立书面劳动合同。已建立劳动关系，未同时订立书面劳动合同的，应当自用工之日起一个月内订立书面劳动合同。用人单位与劳动者在用工前订立劳动合同的，劳动关系自用工之日起建立。"同时第八十二条第一款规定："用人单位自用工之日起超过一个月不满一年未与劳动者订立书面劳动合同的，应当向劳动者每月支付二倍的工资。"

签订劳动合同过程中，往往会遇到许多问题，那到底该如何解决呢？

4.1 员工入职后拒签劳动合同怎么办？

【实战案例10】

小高到某企业报到入职后，不愿意签订劳动合同，原因是觉得与公司当时谈的薪酬和劳动合同上写的不一致。小高认为该公司在欺骗他。人力资源部在这个具有争议的问题上没有留下任何证据，所以小高入职后也不辞职，就是一直拒绝签订劳动合同。人力资源部应该怎么办？

【案例分析】

《劳动合同法实施条例》第五条规定："自用工之日起一个月内，经用人单位书面通知后，劳动者不与用人单位订立书面劳动合同的，用人单位应当书面通知劳动者终止劳动关系，无需向劳动者支付经济补偿，但是应当依法向劳动者支付其实际工作时间的劳动报酬。"

【操作建议】

在不违反公司薪酬体系的情况下，企业应该尽可能和小高协商解决。如果一直协商不成，入职一个月内，一定要向该员工发送签订劳动合同通知书，限期要求其签订劳动合同，并告知其不签订劳动合同的法律后果，要求其必须于期限内给予答复，保留相关的送达凭证，如 EMS、电话录音等。

如果该员工拒绝签收，要求其说明拒绝签收的理由。经过送达之后，员工没有异议则视员工同意签订劳动合同通知书，并应当作出是否签订劳动合同的明确表示。

若员工仍然拒绝签订劳动合同的，向该员工发送终止劳动关系通知书，彻底终止与该劳动者的劳动关系。

也有部分省份另有解释，如《浙江省高级人民法院民一庭关于审理劳动争议纠纷案件若干疑难问题的解答》第一条：如果确系不可归责于用人单位的原因导致未签订书面劳动合同，劳动者能否要求用人单位支付二倍工资？签订书面劳动合同系用人单位的法定义务，但确系不可归责于用人单位的原因导致未签订书面劳动合同，劳动者因此主张二倍工资的，可不予支持。下列情形一般可认定为"不可归责于用人单位的原因"：（1）用人单位有充分证据证明劳动者拒绝签订或者利用主管人事等职权故意不签订劳动合同的；（2）工伤职工在停工留薪期内的；（3）女职工在产假期内或哺乳假内的；（4）职工患病或非因工负伤在病假期内的；（5）因其他客观原因导致用人单位无法及时与劳动者签订劳动合同的。

未签订劳动合同导致赔付双倍工资案件的处理，最关键的是劳动者能提供在该用人单位工作的证据，为了避免劳动纠纷，员工入职后，企业要与其及时签订《劳动合同》，避免逾期需要支付双倍工资赔偿情况的发生。

4.2 不签订劳动合同，签劳务合同可以吗？

【实战案例 11】

陈某于 2012 年 1 月到某职业院校担任门卫工作，双方先后签订多份聘用协议，协议均标明为劳务人员使用。协议约定：职业院校根据自身需要委托陈某承担出入校秩序维持工作，双方之间是劳务关系，职业院校有权随时解除双方劳务合同并无须承担任何补偿。

陈某工作期间工资标准为每日 30 元，2014 年 3 月 16 日，陈某从职业院校离职。随后，陈某经仲裁后起诉至法院要求职业院校支付其最低工资差额。

法院经审理后认为，陈某和职业院校均符合建立劳动关系的主体资格，陈某在职业院校的门卫岗提供劳动，接受学校的劳动管理，且学校按月向陈某发放劳动报酬，虽然双方在签订的聘用协议上标注为劳务人员使用，但并不影响双方实际建立的劳动关系的属性，双方已建立事实劳动关系，法院最终判决支持了陈某关于最低工资差额的诉讼请求。

【案例分析】

用人单位与劳动者之间是否存在劳动关系，需要从双方的主体资格、劳动者是否接受用人单位的用工管理和工作安排以及劳动者的劳动是否属于用人单位的业务组成部分等方面综合进行判断。

在本案例中该院校败诉，因为其与劳动者签订聘用协议，并不具有否定双方之间劳动关系的效力。

【操作建议】

劳动合同与劳务合同的区别如下。

劳务合同是指以劳动形式提供给社会的服务民事合同，是当事人各方在平等协商的情况下达成的，就某一项劳务以及劳务成果所达成的协议。一般在独立经济实体的单位之间、公民之间以及单位与公民之间产生。劳务合同不属于劳动合同，从法律适用来看，劳务合同由《民法典》和相关民事法律所调整，而劳动合同由劳动法以及相关法规所调整。

从法律性质来看，劳动合同是确立劳动关系的依据，属于劳动法的范畴。劳务合同是建立民事、经济法律关系的依据，属于民法、经济法的范畴。

从合同主体来看，劳动合同的主体一方是劳动者，另一方是用人单位。劳务合同的主体既可以都是公民，也可以都是法人，或者是公民与法人，劳务合同对主体没特殊的要求。从合同的主体地位来看,劳动合同签订后,劳动者便成为用人单位的一员,二者的关系具有从属性。劳务合同的主体之间并不存在从属关系,双方始终是相互独立的平等主体,以自己的名义分别履行合同约定的义务。

从确定报酬的原则来看,在劳动合同中,用人单位按照劳动的数量和质量以及国家的有关规定给付劳动报酬,提供劳动福利待遇等,体现按劳分配的原则。劳务合同中的劳务价格是按等价有偿的原则支付。

签劳务合同的主要情况是,不具备劳动合同主体资格的人不可以签订《劳动合同》。已领取养老金的退休人员、退休返聘人员、已与其他单位建立劳动合同关系的兼职人员、企业内退人员等,就只能签立劳务合同。临时用工也可签立劳务合同。

用人单位应当同与之建立劳动关系的劳动者订立书面劳动合同,而不应随意通过订立所谓的劳务合同、雇佣合同、承包合同等方式,意图规避劳动关系的建立。这样既不能推卸用工责任,也无法规避用工风险,反而还可能因未签订有效的书面劳动合同而导致承担支付二倍工资的惩罚。

4.3 劳动合同中是否可以约定解除条件?

【实战案例 12】

某公司与员工签订的劳动合同中约定:甲方(即公司)聘用乙方(即员工)担任甲方的销售部经理,执行提成薪酬制和销售任务考核制。

双方劳动合同第三十条另行约定:"遇有下列情形之一,甲方可以解除劳动合同,且不予支付经济补偿金:1.乙方在试用期不符合录用条件的;2.乙方严重违反甲方规章制度的;3.乙方严重失职、徇私舞弊,给甲方造成重大损害的;4.乙方同时与第三方企业建立劳动关系,经甲方提出,拒不改正的;5.乙方有《劳动合同法》第二十六条第一款第(一)项规定的致使本合同无效情形的;6.乙方被依法追究刑事责任的;7.乙方违反本合同第二十五条约定的各项劳动纪律的；8.乙方连续 3 个月销售额达不到 80 万元的，自甲方书面绩效改进提示之日起 2 个月内仍不能达到绩效提示中确定的销售额的；9.甲方依据本合同第三十七条解除劳动合同的。"

【案例分析】

针对劳动合同可否约定终止条件问题，《劳动合同法实施条例》第十三条已明确：用人单位与劳动者不得在劳动合同法第四十四条规定的劳动合同终止情形之外约定其他的劳动合同终止条件。

但是，劳动合同中是否可约定解除条件，有人提出：法律法规对此并无明确的禁止性规定，企业与员工经协商一致就劳动合同解除条件而达成的条款，系双方协议解除劳动合同的特殊表现，应当认定该类条款的效力。在劳动合同履行的过程中，如符合劳动合同中约定的解除情形的，一方或双方即可按约定的解除条件解除劳动合同。

不得不说，上述观点的确有一定的人赞同。然而，结合《劳动合同法》的相关规定，笔者认为，除法定解除条件外，劳动合同中约定的其他解除条件是无效的。

《劳动合同法》明确规定了企业解除劳动合同的条件和程序，企业应当依据法律规定的条件和程序而为之，否则将承担违法解除劳动合同的法律责任，如支付违法解除劳动合同的赔偿金等。且《劳动合同法》亦规定，违反法律法规强制性规定的劳动合同无效或部分条款无效。

由此，我们认为企业与员工在劳动合同中即便约定了除法定解除条件外的其他解除条件，亦属于无效条款。本案关于劳动合同解除条件的条款，首先可以判断案例中劳动合同第三十条第（八）项和第（九）项违反法律法规关于劳动合同解除条件的规定，应系无效条款。

但是对于本案之劳动合同第三十条第（七）项将违反劳动纪律的具体情形作为解除条件，是否可以成立？该情形则相对比较复杂。

其一，劳动合同中可否约定劳动纪律？《劳动法》第十九条将劳动纪律作为劳动合同的必备条款，但《劳动合同法》第十七条关于劳动合同的必备条款和可约定条款的规定中并未将劳动纪律列入其中，两法对此问题规定不一致，考虑到两法之间的关系，即后者系前者的特别法，应优先适用特别法的规定。其二，劳动纪律系企业规章的重要内容之一，依据《劳动合同法》第四条关于企业制定规章制度的规定，企业应当按照法律规定制定涉及劳动纪律的规章制度（企业规章生效条件：民主程序制定、向员工公示、内容合法），而不宜将劳动纪律在劳动合同中予以约定。其三，如将劳动纪律作为劳动合同的约定条款，则企业日后修改劳动纪律时，需依据协商一致变更劳动合同的原则而进行，等于凭空增加了修改劳动纪律的操作难度。

4.4 营业执照未办理完毕，可以不签订劳动合同吗？

【实战案例 13】

李某从 2013 年 9 月 1 日起即到某集团公司的外地分支机构工作。2014 年 6 月，李某以公司未与他签订书面劳动合同，未为其缴纳社会保险费为由辞职，同时要求分支机构支付经济补偿和双倍工资。遭到拒绝后，李某申请劳动仲裁。分支机构辩称，公司没有取得营业执照，因此与李某之间属于雇佣关系，不存在劳动关系。仲裁委审理后，裁决支持了李某的申诉请求。

【案例分析】

《劳动合同法》第九十三条规定："对不具备合法经营资格的用人单位的违法犯罪行为，依法追究法律责任；劳动者已经付出劳动的，该单位或者其出资人应当依照本法有关规定向劳动者支付劳动报酬、经济补偿、赔偿金；给劳动者造成损害的，应当承担赔偿责任。"该条规定明确将不具备合法经营资格的组织定义为用人单位，将在该组织工作的个人定义为劳动者，也进一步明确了双方的关系属于劳动关系而非雇佣关系。因此，分支机构应当承担劳动关系的权利义务及法律责任。

【操作建议】

　　如果新公司的大股东是公司，那么可以先由大股东与员工签约，由大股东发工资、交社保，然后在新公司成立后与新公司结算。同时，合同中明确一旦新公司成立，即将劳动关系转移到新公司，薪资待遇不变，岗位不变，工龄连续计算。

　　如果新公司的股东是自然人，单位筹建期间确实需要员工的，因为不具备用人单位资格，无法办理社保登记，员工在此期间因工作发生伤亡的，发起人或公司应承担非法用工或工伤的赔偿责任。因此，筹建期间的公司最好给员工购买商业保险，以规避可能存在的法律风险。

4.5　股东、法定代表人与公司还要签订劳动合同吗？

【实战案例 14】

　　李某于 2005 年 12 月入职某生物公司担任销售，连续几年来业绩持续保持良好。2007 年 7 月，为激励和留住李某这个销售人才，公司股东王某、张某、徐某向李某转让公司股权共计 15%。

　　2007 年 9 月，原销售总监认为公司对其不公正对待，因而辞职，李某被公司任命为销售部总监，除每月工资人民币 2 万元外，还依据生物公司的章程享受股权分红。2008 年 1 月，《劳动合同法》[1]正式实施后，李某提出规范公司用工管理的建议，并建议公司应依法与员工（包括在公司担任职务的股东）签署劳动合同。股东会认可李某的建议，但对于股东劳动合同的签订问题，时任董事长的王某和担任公司副总经理、人事总监的徐某均认为股东是公司的"老板"，哪儿有与"老板"签订劳动合同的道理。因此，与股东签订劳动合同的问题不了了之。

---

[1] 2012 年 12 月 28 日第十一届全国人民代表大会常务委员会第三十次会议通过《关于修改〈中华人民共和国劳动合同法〉的决定》。

2008年11月至12月，公司股东就公司发展方向和另行增加投资问题而连续召开几次股东会。李某对公司发展和投资问题持肯定态度，但是对于其他三位股东而言，李某算是"外来户"，故这几次股东会李某均与其他三位股东引发强烈争议。李某认为公司的发展势头已是强弩之末，其他股东过于保守、事实上是在吃老本儿。因此，基于理念不合而于2009年1月转让了自己持有的股权，同时，李某向公司提出辞职并要求公司支付未签订劳动合同的双倍工资，但被生物公司拒绝。

2009年1月20日，李某申请劳动仲裁。双方劳动争议审理过程中，生物公司主张：李某是公司股东，其与公司是投资与被投资关系，况且李某每年都从公司领取股东分红。因此，李某要求签订劳动合同无法律依据，进而要求所谓的双倍工资亦无任何依据。

经审理，劳动仲裁委员会及后续引发的一审、二审诉讼，均认为生物公司与李某之间存在劳动关系，生物公司应当与李某签订劳动合同，因此裁决生物公司向李某支付2008年1月31日至12月31日期间的双倍工资，合计还应补偿人民币22万元。

【案例分析】

根据《劳动合同法》规定，企业与员工建立劳动关系的，应当与员工签订劳动合同。如果未签订劳动合同的，则企业应当按上述法律规定向员工支付双倍工资。

作为公司的股东，其身份系"投资人"，则其与公司之间的法律关系以及与其他股东的关系，按《中华人民共和国公司法》(以下简称《公司法》)及《民法典》等相关法律法规予以明确。

但是，法律并不禁止股东成为公司的员工。本案中，李某虽系生物公司的股东，但是其担任的销售部总监职位所对应的身份则是公司员工。换言之，李某在生物公司兼具双重身份，即股东和员工。作为员工，李某与生物公司的关系是劳动关系，公司应当依法与李某签订劳动合同。至于生物公司关于李某每年领取股东分红的主张，不能因此对抗李某要求支付其未签劳动合同双倍工资的请求。

同理，法定代表人也是一样的，如果双方形成劳动关系，公司的法定代表人也要与自己公司签订劳动合同。这要从两方面看，根据《公司法》有关规定，公司法定代表人由谁来担任是依照公司章程的规定，是由董事长、执行董事或者经理担任，并依法登记在营业执照中。如果这些人员平时与公司形成了劳动关系，当然可以和自己的公司签订劳动合同。要注意公司的法定代表人不一定就与公司形成了劳动关系，如法定代表人可能只是董事长，平时只是以参加董事会议的形式参与公司重大事项的决策，只参与公司的利润分配，不领取月薪或年薪，不按时上班，当然不可能是劳动关系。

因此，裁决机构认定李某与生物公司之间系劳动关系，生物公司应当与李某签订劳动合同，并裁决生物公司向李某支付未签订劳动合同的双倍工资，符合法律规定。

4.6 劳动合同中的"工作地点"如何约定？

【实战案例 15】

杨某系 A 省房地产总公司销售部员工，销售业绩优异。自 2013 年以来，位于距房地产公司 800 公里之外 B 省的分公司市场业绩连续滑坡，房地产总公司决定调杨某于 2014 年 7 月至 B 省分公司担任销售部经理。杨某不同意。针对杨某的反对意见，总公司作出如下答复：您与公司签订的劳动合同中明确约定"根据生产和经营需要，甲方（公司）可以随时调整乙方（杨某）的工作地点、工作岗位等，乙方应当服从甲方安排"。此外，双方约定的工作地点为"全国"，因此公司调整您的工作地点符合劳动合同约定。杨某认为该约定属于无效条款。

【案例分析】

工作地点亦是劳动合同的必备条款之一。

根据《劳动合同法》规定，双方应当全面履行劳动合同约定，如变更工作地点的，应由企业和员工协商一致。实践中不少企业认为：调整员工工作地点、工作岗位等需与员工协商，但员工不同意的话，企业就容易陷入被动境地，从而导致企业的管理目的无法实现。因此，如何通过劳动合同赋予企业调整工作地点、工作岗位的自主权，这对于企业的管理而言是比较有利的。不可否认，企业的相关考虑有一定的合理性。

基于此考虑，众多企业在劳动合同中关于工作地点的条款可谓五花八门。有精准型约定，如北京市某区某街道某号某大厦某室；也有宽泛型约定，如北京市某区、北京市或者全国。除上述工作地点约定外，双方劳动合同中往往存在一个关于调整工作地点的授权条款，即企业根据生产或经营需要等，可以调整员工的工作地点和岗位，员工无正当理由的，应当服从。更有甚者，将授权条款拟定为：企业根据生产或经营需要等，可以随时调整员工的工作地点和岗位，员工应当无条件服从。

第一，精准型工作地点约定，符合《劳动合同法》关于工作地点必备条款的立法目的。而宽泛型约定显然属于约定不明，在这种情况下，司法裁判中一般认为：员工在劳动合同签订后，已经在某实际工作地点进行工作的，该实际工作地点视为双方确定的具体工作地点。企业不得以此类宽泛型工作地点约定为由，随意再行变更员工的工作地点。本案中，虽然杨某与A省房地产总公司的劳动合同约定杨某工作地点为"全国"，但是可以确定房地产总公司所在地即为杨某的工作地点。

第二，针对企业可调整工作地点的授权条款，如"企业根据生产或经营需要等，可以随时调整员工的工作地点和岗位，员工应当无条件服从"，我们认为，按《劳动合同法》第二十六条第一款第（二）项规定，用人单位免除自己的法定责任、排除劳动者权利的劳动合同无效或者部分无效。"企业随时调整，员工无条件服从"恰恰符合劳动合同条款无效的情形。本案中，A省房地产总公司与杨某之间劳动合同中关于调整工作地点的约定即属于此类，如A省房地产总公司按此约定而硬性调整杨某的工作地点，其结果当然对企业不利。

第三，关于"企业根据生产或经营需要等，可以调整员工的工作地点和岗位，员工无正当理由的，应当服从"的约定，具有一定的合理性。但并不意味着企业可以滥用劳动合同的授权而任意调整员工工作地点。换言之，企业在依据劳动合同的授权条款调整或变更员工工作地点时，需证明变更工作地点具有合理性，而仅仅一个简单的生产经营需要并非合理理由，也就是说企业需有具体的理由和证据来支持是否属于生产经营需要，进而证明企业依劳动合同的授权条款调整或变动员工工作地点是合理的。此外，企业调整或变更员工工作地点的，亦需考虑是否因此增加了员工履行劳动合同的难度或负担、对员工的生活是否造成影响、企业是否采取了合理的弥补措施，等等。

第四，如何约定工作地点和如何通过劳动合同约定对企业变动或调整工作地点进行授权，是一个问题的两个方面，企业不能割裂两者的关系而采取相应的管理措施。

第五，对于诸如销售、导购、客服或售后服务等流动性较强的岗位，在约定工作地点时，除需参考上述意见外，笔者认为可以在劳动合同中明确多个具体的工作地点，并明确日后需发生工作地点变动或调整的情形。

此外，实践中还存在两类涉及工作地点变更的问题：一是企业搬迁，二是企业所处行业性质改变。例如，建筑施工企业、异地多项目开发的房地产公司、影视公司等，亦会导致相应岗位员工工作地点经常性发生变动的情况。

企业搬迁系客观情况发生重大变化，按《劳动合同法》第四十条和第四十六条规定，企业首先应与员工就劳动合同变更问题进行协商，经双方协商未能就劳动合同变更达成一致意见的，企业可以解除劳动合同，但需提前30日书面通知员工或者支付1个月工资的代通知金，且应向员工支付经济补偿金。当然，如果是涉及"三期"、正处于医疗期等情形的员工，企业不得按上述方法解除双方劳动合同（《劳动合同法》第四十二条）。

因企业所处的行业性质改变导致相应岗位的员工工作地点经常性发生变动的，此类情形应属于劳动合同的履行问题，而非企业单方变动工作地点。这种情况其实与安排员工经常性出差比较类似。

【操作建议】

对于企业而言，对劳动者工作地点的约定既不能过于具体，也不能过于模糊。

例如，上文将"工作地点"约定为"北京市某区××路××号"，这种情况下即使用人单位在北京市某区内办公地点发生变更，只要与原来的地址不相同，也极有可能被认定为工作地点发生了变化。在这种情况下，只要工作地点与约定不一致，劳动合同的内容就已经发生了变更，用人单位很可能就得承担不利后果。

相反地，如果在劳动合同中约定"工作地点"为"北京某区"，那么如果用人单位是在某区范围内调整工作地点的，在此种情形下，就不会被视为劳动内容的变更。如果劳动者拒绝搬迁的，用人单位就可以以员工旷工等为由与其解除劳动合同。用人单位根据需要可以在劳动合同中约定两三个确定的工作地点，明确劳动者在需要时应当服从单位安排，在上述范围内调整工作地点等。如此也可以避免变更工作地点带来的不利后果。

另一种情形是，为了避免承担擅自变更工作地点的不利后果，很多企业采取了大包围式的约定，即约定一个模糊的范围。如"中国""中国福建"，或者工作地点为"单位办公场所及其委派的工作场地工作""公司的工作区域或地点为公司本部或各分公司、子公司"，或者"乙方自愿服从公司安排"等条款。因实践中很多用人单位如规模较大的企业或者上市公司等往往子公司、分公司、办公场所远远不止一个，这就导致了上述约定的地点其实存在不确定性，这种约定可能出现的后果是劳动行政部门和司法机关认定此种约定不明确，对劳动者不公平，劳动者的工作地点应当以劳动者现有的实际工作地点为准，用人单位委派劳动者到别的地点工作都将被认为工作地点变更。

用人单位应当根据劳动者的不同工作性质科学约定劳动者的工作地点。对外勤人员如单位销售人员、采购人员等，这类工作性质决定了劳动者需要在企业机构所在地以外的其他区域工作，以完成工作任务。因此，可以根据需要在劳动合同中约定工作地点为："公司所在地××（省）市等，用人单位根据经营需要，可以对员工的工作地点在上述范围内作合理调整，员工同意并承诺在以上范围内服从公司的工作地点调整的安排。"

但对于内勤人员如单位行政人员，则不应当以宽范围或模糊的方式约定，而应当约定具体的工作地点，这类人员一般情况下是在企业所在地的办公区或厂区内完成工作任务的。

对于劳动者而言,"工作地点"宜具体,不宜宽泛。劳动者在签订劳动合同时应注意工作地点尽量具体,比如将工作地点具体到某一地址如"北京市某区××路××号",或者直接填写用人单位经营注册地或项目所在地,等等。如此,如果用人单位日后要求的工作地点与约定不一致,必须经劳动者协商一致,否则,劳动者可以与用人单位解除劳动合同并且要求用人单位支付经济补偿金。

4.7 HR未签订劳动合同,可以要求双倍工资差额吗?

【实战案例16】

案例一:任某于2011年9月1日入职某科技公司担任人事经理,月薪12000元。2014年8月30日,任某与公司的三年期劳动合同到期后继续担任公司人事经理。某科技公司于2014年9月改制为集团公司,任某的职位亦水涨船高——担任人力资源部总监,同时工资调整至每月2万元……但是劳动合同一直未续订。2015年3月初,任某出于个人原因提出辞职,并要求集团公司支付2014年9月至2015年2月(计6个月)未签订劳动合同的双倍工资计人民币12万元。但公司认为,任某系集团公司人事总监,负责集团公司劳动合同的签订和管理工作,且对于下属子公司的劳动合同签订和管理同时承担相应职责,任某与其他员工均签订了劳动合同,但未与自己签订劳动合同,这属于典型的恶意目的,因此公司不同意支付双倍工资。后任某于2015年5月申请劳动争议仲裁。

案例二:集团公司于2014年11月初招聘刘某为集团公司招聘专员,负责集团员工的招聘等工作。但是直至2015年2月初,集团公司方与刘某签订2年期劳动合同。2015年4月,刘某因旷工5天而被集团公司辞退。2015年5月与任某同时申请劳动仲裁要求集团公司支付2014年12月至2015年1月未签劳动合同的双倍工资人民币15000元。

【案例分析】

按《劳动合同法》第十条、第八十二条之规定，企业与员工签订劳动合同系企业的法定义务，否则将因此导致向员工支付未签劳动合同的双倍工资。

凡事均有例外。针对负责劳动合同签订和管理工作的 HR（包括人事经理、总监、劳动合同人事专员等，以下简称合同管理人员）而言，其岗位职责就包含与包括自己在内的员工签订劳动合同。在这种情况下，如苛刻地要求企业无差别支付未签订劳动合同的双倍工资，则对于企业而言未免不公平，也与劳动合同法的立法目的相悖。

一般来说，企业与合同管理人员未签订劳动合同，其原因无外乎如下四类：

一是基于恶意的利益驱动。合同管理人员故意不签订劳动合同，目的是从企业获取未签订劳动合同的双倍工资。

二是合同管理人员的认知存在问题。认为自己负责劳动合同签订和管理，没必要与自己签订劳动合同，或者疏忽导致未与自己签订劳动合同等。

三是合同管理人员向企业已提出要求签订劳动合同，但是企业出于各种主客观原因导致与其未及时签订，或未签劳动合同，或者企业予以拒绝。

四是企业法律意识不强。企业规定所有的合同管理人员没必要签订劳动合同，理由很简单，这些 HR 人员负责合同签订和管理工作，与自己签订劳动合同属于画蛇添足。

企业与合同管理人员未签订劳动合同的原因不同，最终是否导致支付双倍工资的法律后果也各异。

在司法实践中，各地对于上述问题，基本上确立了一项原则：看 HR 是否承担劳动合同的签订和管理职责，如答案肯定，则其未签订劳动合同的双倍工资请求不予支持；如未签订劳动合同的原因有例外情形，则视具体情形而确定是否支持 HR 关于未签订劳动合同的双倍工资请求。例如，北京等地规定：用人单位的人事管理部门负责人或主管人员依据《劳动合同法》第八十二条规定向用人单位主张二倍工资的，如用人单位能够证明订立劳动合同属于该人事管理部门负责人的工作职责，可不予支持。有证据证明人事管理部门负责人或主管人员向用人单位提出签订劳动合同，而用人单位予以拒绝的除外。

案例一中，任某系人力资源总监，其身份具有双重性：公司员工、承担合同签订和管理工作的人事部门负责人。集团公司与其未签订劳动合同，如系因任某未履行职责，或失职，或基于利益驱动等导致，则任某要求未签合同的双倍工资不予支持；但是，如果任某有证据证明集团公司拒绝签订劳动合同或者集团公司规定了 HR 人员无须签订劳动合同，则任某的双倍工资得到支持是必然的。

而案例二中，刘某的情形显然与任某不同，刘某不承担合同签订和管理职责，在劳动合同签订问题上与一般员工无异，因此集团公司应按规定向其支付未签订劳动合同的双倍工资。当然，集团公司承担双倍工资责任后，可就损失问题向负责管理和签订劳动合同的人员主张赔偿。

【操作建议】

一、明确岗位职责

职责是职务与责任的统一。签订与续签劳动合同是人力资源的职务，同时，出现未签或未续签劳动合同的情况，也是人力资源要面临的责任。作为用人单位，可以将签订和续签劳动合同这一岗位职责进行明确，并约定未履行该职责视为严重失职，因此给用人单位造成的损失应当予以赔偿。

对于这一岗位职责，每个用人单位可以根据自身的实际情况进行约定。可以选择在与人力资源负责人单独签订的劳动合同中约定，或是选择在用人单位的员工手册、规章制度中约定，又或是在录用之初就签订一份岗位职责书作为劳动合同的附件。

二、规范特殊岗位的劳动合同签订流程

一般情况下，员工劳动合同都是由人力资源部门负责签订，但是对于人力资源部门负责人，他们的劳动合同该由谁来负责签订，尤其是在续签劳动合同这样一个环节上，公司可以针对这一特殊的岗位制定相应的制度流程。

作为人力资源部门的负责人，应当知晓签订书面劳动合同的相关规定及不签订书面劳动合同的法律后果，其有义务主动向用人单位要求签订书面劳

动合同。因此用人单位可以规定，这一特殊岗位的员工应在劳动合同期满前一个月向用人单位递交书面申请，要求续签劳动合同。用人单位作出明确答复后，由用人单位授权的其他员工负责与其签订书面劳动合同。若期满前员工未提出书面申请，视为员工要求不续签，双方劳动合同期满终止。以此规避用人单位在续签书面劳动合同中因特殊岗位而导致的风险。

实践中，可能还存在这样一种情况，人力资源负责人的劳动合同期满，其本人并未按照上述流程要求续签，期满后，其继续在公司任职、提供劳动，这就形成了事实劳动关系，用人单位同样面临支付双倍工资的风险。

三、规范人力资源部用章登记流程

企业负责人、人事主管等负责企业人力资源管理的高管，通过隐匿书面劳动合同等不良手段，使用人单位无法提供已签订过的书面劳动合同，由此主张双倍工资的情形，在实践中也大量存在。我们除了事后谴责其道德以外，更应将风险控制在事前。

人力资源作为用人单位的代表与劳动者签订劳动合同，时常会用到用人单位的公章。因此，用人单位可以在自身的规章制度中明确规定用章登记流程。在人力资源用章时，应登记何时用章、何人用章以及用章用途。

4.8 如何对不定时工时制员工进行有效的管理？

【实战案例 17】

案例一：赵某系某公司销售总监，实行不定时工作制，因经常外出拜访客户，平时上下班比较自由。2015年7月，赵某就销售部的管理问题与公司高层发生严重冲突，后公司通知赵某从8月起每天按时上下班，而且必须打卡考勤，否则按旷工论处。赵某未予理会。后来公司以赵某连续迟到、早退以及旷工而严重违反《员工手册》为由，解除了与赵某的劳动合同。

案例二：陈某于2013年1月进入某网络广告公司工作，担任销售专员，并实行不定时工作制。虽然公司对不定时工作制的员工不实行考勤管理，但员工应当服从公司工作安排出勤，即销售人员按公司规定应于每周一下午参加公司例会，汇报上周的工作小结。陈某对参加公司例会并不在意，认为只要自己的业绩优秀即可。公司连续几次书面警告陈某，称其多次无故缺席公司例会违反公司例会制度，要求其按公司规定按时参加公司例会。陈某对此未加理会，又连续多次无故缺席例会。针对陈某继续无视公司纪律的行为，公司以其无故旷工三日以上，构成严重违纪为由，与其解除劳动合同。陈某认为自己是不定时工作制，工作系自行安排，不存在"旷工"一说，公司系违法解除劳动合同。

【案例分析】

按《国务院关于职工工作时间的规定》、原劳动部《关于企业实行不定时工作制和综合计算工时工作制的审批办法》等法律法规之规定，不定时工作制是因生产特点、工作特殊需要等，针对无法按标准工作时间衡量或需要机动作业的岗位而采用的一种特殊工时制度，且员工每个工作日没有固定的上下班时间限制。

与计时工时制员工的管理不同，基于不定时工作制的特点，很多企业对不定时工作制员工的管理问题均感到比较头疼。

第一，经批准实行不定时工作制的职工，不受法律关于日延长工作时间标准和月延长工作时间标准的限制。但是，企业不能因此而忽视不定时工作制员工的休息休假，比如至少保证每周休息一日、应按法律规定安排年休假等。

第二，不定时工作制员工有无加班费？

实行不定时工作制的员工，基于不定时工作制的工作特点，不受《劳动法》第四十一条规定的日延长工作时间标准和月延长工作时间标准的限制，因此不存在平时加班费和公休日加班费一说；但在法定节假日期间工作的有无加班费，各地存在区别。

第三，标准工时制下的考勤方式能否适用于不定时工作制？

企业实行不定时工作制的，亦得符合关于工作时间的法律规定，如平均每天原则上工作 8 小时，每周至少休息 1 天。但是，实行不定时工作制的员工每天上下班时间是无法确定的，因此标准工时制、综合工时制下的考勤方式很难适用于不定时工作制员工的考勤管理，否则，企业实行不定时工作制无任何意义，也不符合不定时工作制的特点。换言之，企业如对某些岗位实行不定时工作制，则不能再以标准工时的考勤管理制度要求员工打卡考勤，更不能以公司员工不记考勤而按违纪处理。

上述案例一中，暂不考虑企业的做法是否恶意，也暂不考虑企业的管理措施本身是否有效（参见《劳动合同法》第四条），仅公司要求赵某按标准工时制下的考勤方式予以考勤管理，即与不定时工作制的立法规定相悖，在此基础上进而以赵某严重违纪而解除劳动合同，则显而易见属于违法解除。

第四，对于不定时工作制员工，能否按旷工处理？

针对不定时工作制员工，企业虽然不能按一般考勤方式对其进行管理，但不意味着不定时工作制员工就不能构成旷工。企业可以按规章制度或基于企业管理目的等而安排一些特殊出勤情形，不定时工作制员工应当遵守和执行企业关于不定时工作制员工出勤的特殊规定。上述案例二中，公司对实行不定时工作制的员工不记录日常考勤，但是，亦规定不定时工作制员工应当按公司安排进行出勤，不服从公司安排而无故缺勤者以旷工处理。陈某一直以来多次缺席例会，且受到公司多次警告后仍我行我素，公司以其旷工为由解除双方劳动合同符合法律法规之规定。

第五，对于不定时工作制员工，如何进行有效管理？

虽然企业对不定时工作制不能按一般考勤制度进行管理，但是基于不定时工作制的工作特点，企业可采取相应的管理方式，如制定业绩考核制度、例会制度、培训制度、销售人员巡店制度、客户拜访制度等。

第三篇
履行劳动关系

第五章

试用期管理

由于对"试用期"的概念不了解，一些用人单位在实践中，对"试用期"内员工的劳动关系管理和认识存在各种误区：有的企业认为试用期内可以随便辞退；有的企业认为试用期内可以不受劳动法律法规调整；有的企业认为试用期可以随意设置、延长、增加……在实践中这些误区比比皆是，而这些行为一旦遭员工起诉，用人单位恐怕就会"凶多吉少"。

5.1 试用期到期发现不合适，可延长试用期吗？

【实战案例 18】

案例一：小刘于 2015 年 6 月 2 日入职某集团公司，双方签订的劳动合同于 2018 年 6 月 1 日终止，且约定试用期自 2015 年 6 月 2 日起至 2015 年 9 月 30 日止。小刘入职两个月内表现优异，工作成绩显著……经小刘所在部门建议，集团人力资源部决定缩短小刘的试用期并即刻办理转正。但是，令集团人力资源部感到诧异的是，小刘明确反对，理由是：集团提前办理转正的行为等于剥夺了他在试用期内提前三日通知单位即可解除劳动合同的辞职权。

与小刘同日入职的小王，显然没小刘幸运——小王与集团公司签订的劳动合同期限及约定的试用期均与小刘相同。2015 年 9 月下旬，集团人力资源部经考核认为小王虽然工作踏实、能勤勤恳恳地完成部门交办的工作，但并不完全符合公司的要求。因此与小王协商延长试用期 3 个月即试用期延长至 2015 年 12 月 31 日止。当然，小王明确反对延长试用期的做法。

案例二：张某 2014 年 1 月入职深圳某证券公司工作，双方签订了一份三年期的劳动合同，合同中明确约定了工作岗位职责要求等基本录用条件，且约定

第五章 试用期管理

了试用期为3个月。在试用期期间，张某因帮客户操作证券买卖不当遭到客户的投诉。试用期满前一周，公司对张某进行了试用期考评，成绩不合格，公司向张某提出两种解决方案：一是公司以张某试用期内不符合录用条件为由解除双方劳动合同；二是张某的试用期延长3个月，以便继续观看工作成绩。张某为保住这份工作，同意了公司延长试用期的方案，于是，双方在劳动合同中注明"试用期延长三个月"并签名、盖章确认。

延长的三个月试用期中，张某的工作成绩仍然未见任何起色。公司在6个月试用期满前对张某又进行了一次考评，考评结果显示张某仍未能达到该工作岗位的基本任职要求，于是，公司在张某试用期满当天向其送达了一份书面通知，告知张某公司以其在试用期内被证明不符合录用条件为由解除双方的劳动合同。张某对公司的处理决定感到不满，认为公司解除理由不能成立，双方因此产生争议。

张某认为，按照《劳动合同法》规定，同一用人单位与同一劳动者仅能约定一次试用期，公司在与其签订劳动合同时已明确约定了3个月的试用期，故此时公司要求与本人延长试用期的行为应视为第二次约定试用期。因此，公司与其第二次试用期的约定违反了法律规定，属无效约定。故公司在6个月后仍以试用期内不符合录用条件为由解除双方的劳动合同，理由也不能成立。

公司认为，双方劳动合同约定的期限为3年，根据法律规定，双方最长可以约定的试用期为6个月，双方虽在签订合同时先约定了3个月的试用期，但公司在试用期满前即与张某协商一致延长试用期，此时应视为双方对劳动合同内容的协商进行变更，并不属再次约定试用期，且双方约定的6个月试用期并不违反法律的强制性规定，应属有效，公司经过客观考评后确定张某不符合录用条件，故认为公司的解除决定并无不当。

【案例分析】

根据《劳动合同法》第十九条第一款和第二款规定，劳动合同期限三个月以上不满一年的，试用期不得超过一个月；劳动合同期限一年以上不满三年的，试用期不得超过二个月；三年以上固定期限和无固定期限的劳动合同，试用期不得超过六个月。并且，同一用人单位与同一劳动者只能约定一次试用期。

一般来说，缩短员工的试用期，从企业角度分析这是给予员工的利益，比如员工可及时享受转正后的待遇、无须再受试用期录用条件的约束或限制等。但这仅仅是企业的一厢情愿。试用期内，员工提前3日书面通知企业即可解除双方劳动合同（《劳动合同法》第三十七条）。但转正后，除非遇有法定情形（参见《劳动合同法》第三十八条），否则，员工应当提前30日书面通知企业方可解除劳动合同。因此，企业单方缩短员工试用期，其实质是剥夺或限制了员工在试用期内提前3日书面通知即可解除劳动合同的权利，即使实践中试用期员工拒绝提前转正的情况很少见。况且，试用期作为劳动合同的约定条款，亦需双方协商一致方可变更（《劳动合同法》第三十五条）。

因此，案例一中集团公司单方缩短小刘试用期的行为，应当认定为违法。同理，如企业单方延长员工试用期的话，亦属于违法。不过实践中，大多数企业试用期和转正后的各项福利待遇有所不同，通常员工也觉得企业让自己提前转正是对个人的认可，双方也就互相这样执行了。

而试用期约定后能否延长，主要看首次约定的试用期是否合法以及延长试用期的方式。若首次约定的试用期期限已达到法定最高期限，该试用期当然不可延长；若首次约定的试用期期限未超过法定最高期限，我们认为，该试用期可以在期满前通过协商一致延长。

案例二中，公司与员工的劳动合同期限为3年，试用期法定最高期限为6个月，而公司与员工首次约定的试用期为3个月，在该试用期期满前公司与员工协商一致将试用期延长3个月，即将原试用期3个月变更为6个月，该协商变更行为合法有效。因本次试用期延长属于对劳动合同内容的变更，不属于第二次约定试用期的行为。

因此，法院认为，案例二中双方协商一致延长试用期的变更行为合法有效，公司依据客观考评后确定张某不符合录用条件，且录用条件已在劳动合同中明确告知，故公司以张某在试用期内被证明不符合录用条件作出解除劳动合同的处理决定并无不妥，张某的诉求不能得到法律的支持。

【操作建议】

试用期属于劳动合同内容之一，劳动合同签订后双方经协商一致可以变更劳动合同内容,即可延长试用期,但具体操作时应注意以下 7 点。

1. 首次约定试用期未超过法定最高期限。

2. 延长后的试用期亦未超过法定最高期限。

3. 合同双方应在首次试用期期满前延长。

4. 延长试用期应当由合同双方协商一致,书面确认;即使劳动者在试用期内请假,用人单位也不得单方顺延试用期。

5. 试用期内请假顺延的,顺延时间应当和请假时间一致。比如,劳动者请 1 个月假期,顺延的时间不得超过 1 个月。

6. 顺延时间与试用期的时间要前后相连。如果试用期结束后,过了一段时间,用人单位再提出顺延试用期,这种做法也不应予以支持。

7. 用人单位不得滥用试用期顺延。由于劳动者请假的原因导致用人单位不能行使观察权和考核权的,用人单位可以约定顺延;但是,由于用人单位放假、停产的原因导致试用期缩短的,用人单位不得约定顺延。

根据《劳动合同法》相关规定,试用期间劳动者的工资报酬、解除标准等与正式员工均可以有所区别,故企业对于本单位员工的劳动合同期限及试用期期限应根据不同岗位的实际需要合理设定。同时,如需变更试用期内双方约定的相关权利义务,必须确保在试用期届满前进行协商,并在达成一致意见后再进行操作,以降低风险。

附件:

试用期延长协议

甲方(用人单位):
乙方(员工):　　　　　　　身份证号码:

一、甲乙双方按照平等自愿、协商一致的原则,就试用期延长有关事项订立本协议,共同遵照执行本协议各项内容。

二、根据员工与公司签订的劳动合同,试用期将于　　年　月　日结束。

三、经所在部门的综合考核结果与试用期实际表现，结合《劳动合同法》第十九条相关规定，延长乙方（员工）试用期　　个月，直至　　年　　月　　日止。

四、其他

1. 乙方享受公司试用期工资待遇；

2. 乙方应自觉遵守国家法律法规及甲方的各项规章制度，如有违反或经试用发现不符合岗位任职要求的，甲方有权调离乙方现任工作岗位或解除劳动合同关系；

3. 乙方在试用期内提出离职，不享受其他津贴，工资按实际出勤天数结算，并按公司薪酬福利制度执行；

4. 乙方在延长试用期内的工作任务为：＿＿＿＿＿＿＿＿＿；

5. 乙方试用期满，完成工作任务，经甲方考核合格后，享受正式员工待遇；

6. 本协议均属双方自愿接受，并于本协议上签名确认，人力资源部留存备档；

7. 本协议一式两份，员工本人一份，人力资源部留存一份；

8. 本协议作为劳动合同附件，视为劳动合同试用期条款的变更。

甲方（用人单位）：　　　　　　　　乙方（员工）：

日期：　　　　　　　　　　　　　　日期：

5.2　分阶段执行试用期可行吗？

【实战案例 19】

陈某与某服装公司的劳动合同约定试用期为 3 个月，但入职 1 个月后，陈某因手术而请病假 20 余天。公司认为，陈某休病假导致公司无法正常对其进行试用期考察。因此与陈某协商待陈某病假结束后再执行剩余的两个多月的试用期考察。

【案例分析】

这种情况在企业中其实还是比较常见的。在试用期内，如遇员工长期休病假的，势必导致企业对员工的试用期考核时间事实上的缩短，企业对员工的试用期考察也会因此受影响。因此，能否将员工病休期间先予扣除并待员工痊愈后再执行剩余的试用期考察呢？

《劳动合同法》对该问题并未作出规定，而各地对此类问题的处理差别较大，如江苏等地规定：劳动者在试用期内患病或者非因工负伤须停工治疗的，在规定的医疗期内，试用期中止；而上海等地则以双方事先约定为前提，即双方可在劳动合同中约定劳动合同可因员工长期病假等情形而中止。再如，山西等地规定：双方协商一致的可中止履行劳动合同。因此，在上述地区，按当地规定中止履行试用期是符合当地规定的，这在事实上导致了试用期的分段执行。

在上述区域之外，企业如分段执行试用期的话，一是属于变相延长试用期，企业应承担违法约定试用期的法律后果（《劳动合同法》第八十三条）；二是员工基于主、客观原因之考虑而"接受"分段执行试用期，且在"第二段试用期内"恰恰又被证明不符合试用期录用条件，则企业以此为由解除双方劳动合同看似合法，但因分段执行试用期，实际上是变相延长试用期。

由上可知，分段执行试用期是否合法，应视地方规定不同而不同，企业不能想当然地认为分段执行试用期是合适的试用期管理措施。企业碰到此种情况，最好先看本地区对此情况有无规定，根据不同情况，分别进行处理。

5.3 试用期内，企业可以随意解除其与员工的劳动合同关系吗？

【实战案例20】

某公司招聘张某为京津冀地区的区域市场总监，并签订5年期劳动合同，试用期为6个月。但张某入职3个月后远远未达到销售业绩指标，公司即以张某不符合录用条件为由解除与张某的劳动合同，张某不服而申请仲裁。

庭审中，公司主张张某入职3个月来一直没有达到公司要求的营业业绩，经考核确定张某不能胜任工作，按公司规定属于不符合试用期录用条件，因此公司解除双方劳动合同并无违法之处。

经法院核查，双方签订的业绩合同中约定了张某的业绩指标，且张某3个月来的实际业绩未达到双方约定的业绩指标。不过公司解除劳动合同的理由系张某"不能胜任工作"而不符合录用条件，故最终法院裁决公司解除与张某的劳动合同违法。

【案例分析】

实践中，有不少企业认为，员工在试用期内不能胜任工作，则企业完全可以以该员工不符合试用期录用条件为由而随时书面通知其解除劳动合同，且无须支付经济补偿金。但可以明确的是，一旦企业如此操作，则属于违法解除劳动合同。

"不能胜任工作"和"不符合录用条件"是《劳动合同法》明确规定的两种不同的情形，绝不能混同。按《劳动合同法》规定，对于试用期员工经考核不胜任工作的，企业应当先行调整岗位或者培训。在调整岗位或者培训之后仍不能胜任工作的，方可以提前30日书面通知解除与试用期员工的劳动合同，并且亦需按规定支付经济补偿金。如果员工在试用期内被证明不符合录用条件，则企业可随时书面通知解除劳动合同且无须支付经济补偿金，当然，企业需事先向员工书面说明理由等。

因此，将"胜任工作与否"作为试用期录用条件的做法绝不可取。这种做法与《劳动合同法》第四十条规定相悖，且剥夺了员工可享受经济补偿金的法定权利。

【操作建议】

企业在制定试用期录用条件时，可以将不能胜任工作的表现作为员工符合试用期录用条件的具体情形，比如业绩指标未完成、出错率达到一定比例、工作拖延导致无法按计划日期完成等，同时可以与员工签订员工试用期目标责任书（见表5-1）。如企业有证据证明试用期员工存在上述不符合录用条件的相应情形的，则可依据《劳动合同法》第三十九条规定解除试用期员工的劳动合同。

表 5-1　员工试用期目标责任书

试用期目标责任人：		部门 / 岗位：				试用期起止时间：	
试用期绩效目标约定						期末考核	
序号	关键绩效指标	指标分解	计划完成时间	权重	指标描述及考核标准	实际完成情况	评分
注：以上工作指标为员工试用期间的录用条件，试用期员工需达到如下分值方为满足录用条件，可以正式转正录用。 不满足录用条件，结束试用：考核评分小于 80 分 不满足录用条件，可考虑变更延长试用期：考核评分大于等于 80 分但小于 90 分 满足试用期录用条件：大于 90 分						评估得分：	
试用期人员签字：				直接上级签字：			

5.4　试用期转正刚过一天，能否以不符合试用期录用条件为由解除劳动合同？

【实战案例 21】

王某于 2011 年 1 月 21 日进入某公司，签订了为期三年的劳动合同，并约定试用期至 2011 年 4 月 20 日止。2011 年 4 月 15 日，鉴于王某的试用期即将届满，经公司人力资源部与用人部门沟通，王某明显不符合试用期录用条件，因此用人部门向人力资源部提出了解除劳动合同的建议。按公司规定，解除员工劳动合同，需经人力资源部核实并报公司分管人力资源工作的副总经理批准，但还在外地出差的副总答复等回公司上班后再行处理。2011年4月21日，该副总回公司上班第一天即批准了人力资源部关于解除该员工劳动合同的申请，人力资源部当天即与王某沟通解除劳动合同事宜。王某不认同解除理由，申请仲裁，经仲裁机构审理后，裁决认定公司系违法解除劳动合同。

【案例分析】

本案中，公司经考核确定王某不符合试用期录用条件，依据《劳动合同法》第三十九条规定以王某不符合录用条件为由而解除劳动合同，似乎并无违法之处。但是，根据原劳动部办公厅对《关于如何确定试用期内不符合录用条件可以解除劳动合同的请示》的复函（劳办发〔1995〕16号）规定，对试用期内不符合录用条件的劳动者，企业可以解除劳动合同；若超过试用期，则企业不能以试用期内不符合录用条件为由解除劳动合同。

因此，员工在试用期内如被证明不符合录用条件的，则企业需在试用期届满日前完成法律规定的劳动合同解除程序。否则，因试用期届满，即便企业未办理员工的试用期转正，则事实上员工已属于转正状态，企业不得再以试用期不符合录用条件为由而解除员工的劳动合同，否则即为违法解除。本案中，公司恰恰是在王某试用期届满后以不符合录用条件为由解除劳动合同的，可解除时间有误——本可依法且无法律风险解除劳动合同，就差了一天而导致企业陷入违法解除劳动合同的尴尬境地。

【操作建议】

笔者就碰到过这样一个企业，企业方觉得还没有给员工办理转正手续，员工就不算转正。在实际操作过程中，单位要及时留取证据证明员工在试用期内不符合录用条件，企业需解除双方劳动合同的，一定要在试用期届满前向员工送达解除劳动合同通知书，并且还需事先向员工说明理由。转正手续是否办理，是企业内部的流程问题，和试用期员工本身是没有关系的。

5.5 试用期内可否辞退怀孕员工？

【实战案例 22】

刚结婚不久的王某，应聘一家IT公司市场经理一职，当时王某和IT公司商定试用期为1个月。进入公司不到半个月，IT公司人事部通知王某，认为她不适合现在的工作岗位，并给其两周左右的时间，等王某有了新的工作意向后公司便与其解除劳动关系。可是还没到两周，王某就发现自己怀孕了并将该情况告知公司。根据法律规定孕期职工是不可以被辞退的。公司经理表示公司辞退王某并不是因为王某怀孕，而是因为王某不适合现在的工作岗位，因此可以辞退。王某不服，便向劳动仲裁机构提出仲裁申请。因为IT公司对于员工的录用手续非常完备，试用期内关于员工的考核内容非常详尽，其考核内容也证实王某确实不符合IT公司的要求。仲裁机构裁决王某与IT公司双方的劳动关系解除。

【案例分析】

根据《劳动合同法》第四十二条规定，女职工在孕期、产期、哺乳期内的，用人单位不得依照本法第四十条、第四十一条的规定解除劳动合同。同时该法第三十九条明文规定，劳动者在试用期间被证明不符合录用条件的，可以解除劳动合同。结合本案，如果用人单位有比较充分的证据证明员工在试用期内确实不符合录用条件，即使是怀孕女职工，用人单位也可以依据《劳动合同法》第三十九条规定依法解除劳动合同，并且不需要支付经济补偿。

【操作建议】

需要注意的是，用人单位以"不符合录用条件"为由提出解除劳动合同，必须承担举证责任。一般来说，用人单位可以按照以下理由举证。

一是在劳动合同、规章制度，或单独的录用协议中，明确录用条件，明确对应岗位、职位的具体条件和要求。

二是将"录用条件"书面告知过劳动者，并留有签字资料。用人单位将"规章制度""劳动手册"交付给劳动者并由其签字存档。

三是用人单位在员工入职时，将试用期考核内容详细列出，并由员工签字存档。

总之，用人单位可以以"试用期内不符合录用条件"为由辞退怀孕女职工，但必须是以确有充分证据证明"不符合录用条件"为前提。

此外，关于试用期辞退的规定，根据《劳动合同法》第五十条规定，用人单位应当在解除或者终止劳动合同时出具解除或者终止劳动合同的证明，并在十五日内为劳动者办理档案和社会保险关系转移手续。劳动者应当按照双方约定，办理工作交接。用人单位依照本法有关规定应当向劳动者支付经济补偿的，在办结工作交接时支付。用人单位对已经解除或者终止的劳动合同的文本，至少保存二年备查。根据《劳动合同法》第八十九条规定，用人单位违反本法规定未向劳动者出具解除或者终止劳动合同的书面证明，由劳动行政部门责令改正；给劳动者造成损害的，应当承担赔偿责任。

第六章
劳动合同履行

劳动合同履行，是指劳动合同双方当事人按照合同的约定完成各自义务的行为。《劳动合同法》第二十九条规定，用人单位与劳动者应当按照劳动合同的约定，全面履行各自的义务。

6.1 企业与高管未续签劳动合同，被判赔偿几百万元

【实战案例23】

2009年10月1日，曹某入职中某万融医药投资集团有限公司（以下简称中某万融公司）。双方签订劳动合同，合同约定：合同期限自2009年10月1日至2012年12月31日；曹某担任总裁职务；月薪为25万元。2012年12月31日，劳动合同期限届满后，双方未续签。

2013年11月9日，中某万融公司以曹某利用开紧急会议、谈话、电话等方式阻止某某公司、某某骨干正常参加集团会议，严重违反理念制度，严重违背作为职业经理人基本的良知和操守为由，决定对曹某停职、停薪，并视其认错表现决定下一步的处罚。

2014年5月4日，曹某以中某万融公司未与其续签劳动合同书，无故停薪、停职，拒绝缴纳社会保险，未支付加班费、未支付未休年休假工资为由，解除与中某万融公司的劳动关系。

2014年5月20日，曹某向该区劳动人事争议仲裁委员会提出仲裁申请，要求中某万融公司支付工资、未签劳动合同双倍工资差额、带薪年休假工资、解除劳动合同补偿金等项。区劳动人事争议仲裁委员会支持其部分请求后，双方均不服，诉至区人民法院。

劳动者诉称：2009年10月1日，我与中某万融公司签订劳动合同书，约定合同期限至2012年12月31日，我的职务为总裁，月薪为25万元。2014年1月至4月，中某万融公司对我非法停薪停职。2014年5月6日，我因中某万融公司拖欠工资而提出与其解除劳动关系。中某万融公司未安排我休年休假。故诉至法院，望支持我的全部请求。

用人单位辩称：曹某由董事会聘任，我公司无须与其签订劳动合同。曹某是总裁，全面履行公司的行政管理职能，其故意不签劳动合同，负有完全责任。2013年11月8日，我公司召集相关人员到北京参加会议，曹某利用开紧急会议、谈话、电话、短信等方式阻止我公司的子公司西安某某公司相关领导和人员参会，对我公司管理工作的权威性造成恶劣影响。其行为违反劳动合同的约定及严重违反公司的奖惩制度。我公司于2013年11月9日决定对曹某停职、停薪。2013年11月9日后，曹某未提供劳动，不应获得报酬或生活费。曹某是公司总裁，工作时间弹性大，工作、休息、休假时间由其自主安排，不适用年休假的规定。

【案例分析】

法院认为，双方劳动合同于2012年12月31日到期后，未续签劳动合同，中某万融公司依法应支付曹某未签劳动合同双倍工资差额。中某万融公司认为双倍工资差额仅适用于刚入职未订立劳动合同的情形，不适用于应续签而未续签的情况，缺乏法律依据，法院不予采信。虽然曹某的职务为总裁，属于中某万融公司的高级管理人员，但其仍属于劳动法意义上的劳动者，中某万融公司作为用人单位仍负有与其续签书面劳动合同的义务。曹某系中某万融公司总裁，并非法定代表人，其本人无权代表中某万融公司或要求其下属代表中某万融公司与其本人签订劳动合同，且曹某作为公司总裁并不具体负责劳动合同签订事宜，而中某万融公司亦未向法院提交充分的证据证明其曾要求与曹某续签劳动合同而曹某予以拒绝。在此情况下，对中某万融公司以曹某作为公司总裁对未续签劳动合同具有过错为由，要求不予支付双倍工资差额的请求，法院不予支持。曹某于2014年5月20日申请仲裁，其要求中某万融公司支付2013年5月21日至11月9日期间未续签劳动合同双倍工资差额的请求并未超过一年的仲裁时效，故法院对中某万融公司关于双倍工资差额的请求已过仲裁时效的主张不予采信。

关于2014年1月至4月的工资问题。中某万融公司于2013年11月9日对曹某作出停职、停薪的处罚决定，中某万融公司作为用人单位应就其作出该处罚决定合法合理承担举证责任。中某万融公司提交的曹某签署的致公司函显示曹某确有"要求管理层坚守岗位"的行为，曹某的该行为是否妥当，系其在履行工作职责的过程中的方式方法问题，而非违纪违规的问题，中某万融公司以此为由对曹某停职、停薪，缺乏依据。曹某于2014年1月至4月期间未向中某万融公司正常提供劳动并非系因其自身原因造成的，而系由中某万融公司造成的，故中某万融公司应按曹某原工资标准支付曹某上述期间的工资。

关于未休年休假工资问题。曹某虽然系中某万融公司的总裁，但其作为劳动者仍依法享有休年休假的权利。中某万融公司未安排曹某休年休假，其依法应支付曹某未休年休假工资。中某万融公司以曹某担任总裁职务、月薪高达25万元为由主张不予支付未休年休假工资，缺乏法律依据，法院不予采信。2013年11月9日之后曹某未正常提供劳动，但系因中某万融公司的原因造成的，故中某万融公司仍应支付2013年11月9日前的未休年休假工资。

综上，法院判令中某万荣公司支付曹某未签劳动合同双倍工资差额142.2413万元、解除劳动关系经济补偿金7.8345万元、工资100万元、未休年休假工资105.7471万元，共计近356万元。

用人单位不服，提出上诉，二审维持原判。

【操作建议】

对于高级管理人员，无论是在招聘、绩效目标管理、日常管理方面，还是在休假、劳动合同方面，用人单位更应该进行相应的管理，在保证高管权益的同时，也要维护好公司权利，以防在发生纠纷后，公司处于全面被动的地位，给公司造成巨大的损失。尤其是高管，往往身担要职，一旦与公司发生纠纷，公司损失更大。另外，公司的高管人员还可能身兼公司股东，在这样的情况下，其受劳动法保护，同时也受公司法约束，用人单位切记不要混淆两种身份，应予以区别对待，分别处理。

6.2　员工不辞而别，怎么办？

【实战案例 24】

　　某单位员工王某从 2015 年 3 月开始突然不到单位上班，单位主管也无法与其取得联系。单位的规章制度有明确规定：单位员工有事请假需征得其所在部门主管同意，未办理请假手续缺勤者，将一律按旷工处理。员工连续旷工 5 日，或一年内累计旷工达到 10 日的，单位有权与其解除劳动合同。于是该单位就将王某按自动离职处理，单位内部贴出通告："王某因自动离职，从 2015 年 3 月 1 日起不再属于我司员工。"但数日后，王某又想回到单位上班，单位明确拒绝。

【案例分析】

　　王某和该单位的劳动合同并未解除。劳动关系的终结需基于法定事由或一方（含双方）当事人的意思表示，在劳动者没有明确作出终止劳动关系的意思表示，用人单位也没有作出解除或者终止劳动关系的意思表示的前提下，劳动关系并不当然终止。按前述单位的做法，王某自动离职后，单位一纸通知了之。由于单位没有作出解除劳动合同的决定，并且也没有依法送达劳动者，导致双方的劳动关系没有解除，双方长期处于不提供劳动、不发放报酬却存在劳动关系的情形。

　　根据《劳动合同法》规定，劳动者辞职的，应履行提前通知用人单位的义务。劳动者不辞而别的行为属于劳动者违法解除劳动合同的行为。故对不辞而别的员工王某，用人单位有权追究其法律责任。但是王某要求回单位上班而单位拒绝的，单位却很有可能面临败诉的风险。

　　因此，在员工不辞而别的情况下，由于员工没有办理请假或辞职的合法手续，公司完全可以作旷工处理，旷工天数达到可以解除的严重程度时，可按严重违纪作出解除决定,并将解除通知送达员工方为有效。

【实战案例 25】

王某于 2013 年 2 月应聘进入某互联网公司,双方签订了两年期的劳动合同,约定由王某担任高级工程师,月工资 1 万元。2015 年 1 月,王某因工作与领导发生了激烈争执,并一气之下擅自回了家,之后连续几日都没有到公司上班。公司让人力资源部尝试与其进行联系,但王某手机一直处于关机状态。公司遂作出决定,以王某"自动离职"处理,对其工资进行结算后把工资打入其工资卡内,并且为其办理了退工手续。一周后,王某回到公司上班,公司表示,其已自动离职,公司不可能再接纳他回来工作。王某认为自己并没有自动离职,公司这样做是单方解除劳动关系,要求公司撤销解除决定,恢复履行劳动合同。但公司坚称绝不会同意王某再回公司上班。王某即向公司所在区的劳动争议仲裁委员会提请仲裁,要求公司支付其解除劳动合同的经济赔偿金 2 万元。

【案例分析】

本案争议的焦点在于王某不辞而别后,双方的劳动关系是否可以自动解除。公司认为,王某因为与公司领导发生争执,在没有告知公司的情况下不辞而别,连续几日不来公司上班,公司也无法与其取得联系,公司无奈只有以王某"自动离职"处理,故与其结算工资并办理退工手续并无不妥。王某认为,其从未向公司提出过书面的辞职报告,更没有想与公司解除劳动关系。其并没有自动离职,公司也不能因为与其在工作上有争执而单方面解除劳动关系。他曾经要求回公司重新上班但是遭到公司的拒绝,因此要求公司支付其解除劳动关系的经济赔偿金。

劳动争议仲裁委员会经审理认为:用人单位与劳动者解除劳动关系,应当有合法、充分的理由,鉴于在劳动关系中所处的优势地位,用人单位也应当提供能够反映劳动关系解除原因的材料。现公司办理了与劳动者解除劳动关系的有关手续,其对劳动关系解除的原因负有举证责任。但公司未能就其主张提供相应的证据,应当承担举证不能的法律后果,故裁决公司支付员工王某解除劳动合同的经济赔偿金 2 万元。

【操作建议】

根据《劳动合同法》第三十七条规定，劳动者提前三十日以书面形式通知用人单位，可以解除劳动合同。但当员工不辞而别之后是否可以以员工"自动离职"处理？双方的劳动关系是否自然解除或终止呢？从这则案例中我们看出答案显然是否定的。单位在员工不辞而别的情况下，应积极履行通知解除劳动关系的程序，以避免可能发生的争议和风险。

劳动关系的终结需基于法定事由或一方（含双方）的意思表示，在劳动者没有明确作出终止劳动关系的意思表示，用人单位也没有作出解除或者终止劳动关系的意思表示的前提下，劳动关系并不当然终止。此时，对于不辞而别应理解为职工擅自离开工作岗位。在实践当中，不辞而别的员工一旦反悔，要求企业继续履行劳动合同，或者要求缴纳不辞而别期间的社会保险等，用人单位可能面临败诉的风险。

用人单位与劳动者之间劳动关系的解除，需要其中一方有明确的意思表示。比如，实践中比较多见的员工提交给公司的辞职报告、公司给员工的劳动合同解除通知书等。如果员工仅仅是不辞而别，那么双方的劳动关系实际上处于不确定状态，并不能想当然地认为双方的劳动关系已经自然解除或终止。譬如，员工可能生病了，没有及时办理请假手续，或发生了人身意外伤亡事件，无法办理请假手续等。因此，对于员工擅自离开工作岗位的行为，切不能视作员工"自动离职"，而应该积极地先与员工取得联系，获知其不辞而别的原因，再根据公司规章制度作相应的处理。

如果员工系无故旷工，且公司的规章制度中对无故旷工达到一定的天数即明确规定为严重违纪，该规章制度也已告知员工并由其签字确认的，则公司可依据规章制度书面通知与其单方面解除劳动关系，并通过快递等方式送达员工所确认的送达地址。

如果公司实在无法与不辞而别的员工取得联系的，笔者建议公司可以先书面通知员工在指定的期限内回公司上班，或办理相关请假手续，并通过快递等方式送达员工所确认的送达地址。若员工逾期不归又不办理请假手续的，则可根据公司规章制度，视作严重违纪旷工处理。若公司决定予以解除劳动关系的，需再次以书面方式通知员工，并通过快递等方式送达员工所确认的送达地址。

6.3 员工怀孕后提出辞职申请，想反悔怎么办？

【实战案例 26】

某公司的会计张某怀孕期间反应很大，呕吐严重，经常请病假，单位领导非常不高兴，虽然每次都准假了，但是对张某态度不太好。张某因此向公司提出了辞职申请，辞职理由是孕期反应大，想在家休养，并填写了辞职申请表。经过主管和人事部主管签字同意后，张某又听朋友说起女职工孕期是受法律保护的，有产假的权利，还能享受生育津贴，张某后悔了，想以女职工怀孕期间不能解除劳动合同为由，撤销辞职申请，但被用人单位拒绝。

【案例分析】

根据《劳动合同法》第三十七条规定，劳动者提前三十日以书面形式通知用人单位，可以解除劳动合同。劳动者在试用期内提前三日通知用人单位，可以解除劳动合同。根据《劳动法》第三十一条规定，劳动者解除劳动合同，应当提前三十日以书面形式通知用人单位。

张某主动递交了辞职申请，法律法规规定劳动者必须提前 30 日书面提出辞职申请解除劳动关系，让用人单位有足够的时间招聘和培训接替人员及其他的工作交接，减少前任劳动者离职带来的损失，如果劳动者可以随时反悔，显然对用人单位的工作造成影响，如果用人单位同意撤销辞职申请，则继续存在劳动关系，如果用人单位不同意，那么辞职必须履行。也就是说，员工一旦把辞职申请递交给用人单位，那么申请人就必须遵守辞职申请的内容。

张某虽然是在怀孕期间，但因自身原因无法适应工作主动辞职，公司也同意了她的辞职申请，其想撤销辞职申请，用人单位如果拒绝，张某就只能办理辞职交接手续。

【操作建议】

我国的《劳动法》和《劳动合同法》均规定了劳动者可以依法提出辞职，具体可分为"一般辞职权"和"特别辞职权"。

一般辞职权指《劳动合同法》第三十七条规定的情形："劳动者提前三十日以书面形式通知用人单位，可以解除劳动合同……"劳动者在试用期内提前三日通知用人单位，可以解除劳动合同规定的情形，叫作预告辞职，劳动者因为各种主观及客观原因，不愿意在用人单位继续工作，可以行使辞职的权利，这种情形下劳动者不会获得经济补偿金。

特别辞职权指《劳动合同法》第三十八条第一款规定的，用人单位出现以下情形的：

（一）未按照劳动合同约定提供劳动保护或者劳动条件的；

（二）未及时足额支付劳动报酬的；

（三）未依法为劳动者缴纳社会保险费的；

（四）用人单位的规章制度违反法律、法规的规定，损害劳动者权益的；

（五）因本法第二十六条第一款规定的情形致使劳动合同无效的；

（六）法律、行政法规规定劳动者可以解除劳动合同的其他情形。

以上六种情形可以立即辞职，由于用人单位本身存在过错导致劳动者被迫辞职，劳动者可以要求用人单位支付经济补偿金。

无论是劳动者辞职还是用人单位提出解除劳动合同，都应当把解除劳动合同通知书送达对方。试用期内提前3日送达，转正后提前一个月送达。在辞职行为已做出，用人单位也同意的情况下，劳动者就不能反悔了。

上述案例中，虽然女员工的情况比较特殊，但是，已经递交辞职信，在公司已经同意的情况下，也不能再反悔了，或者也可以与公司协商处理，看看能否取消辞职申请，公司如果还是不同意，该女员工也就只能辞职了。当然，辞职信也分一般情况和特殊情况，需要员工考虑清楚再作决定。

6.4 企业亏损，可以让员工待岗吗？

【实战案例 27】

陈某于 2009 年 10 月 8 日入职甲公司，双方签订了无固定期限劳动合同。后来，甲公司亏损，进行停业整顿，故于 2013 年 4 月 28 日以生产任务不足为由向陈某发送"待岗告知书"。陈某在"待岗告知书"上写明"本人对此事项不认可"。

2013 年 6 月 18 日，陈某向甲公司递交"解除劳动合同通知书"，通知书载明：甲公司未经本人同意，私自降低本人工资标准，导致我生活困难，本人被迫提出与贵公司解除劳动合同，劳动合同解除日期为 2013 年 6 月 18 日。后陈某提起劳动仲裁，要求甲公司支付待岗期间的工资差额以及解除劳动合同经济补偿金。

【案例分析】

法院经审理认为，劳动合同履行期间，甲公司因自身经营状况发生变化停止项目运营，致使陈某的工作岗位在客观上不复存在，双方应就此进行协商变更。

在未达成一致的情况下，甲公司单方决定陈某"待岗"，但陈某明确表示不同意，因此甲公司主张双方之间劳动合同变更为以陈某待岗方式履行，依据不足，故依法支持员工工资差额的诉讼请求。另外，双方劳动合同解除虽系由陈某一方首先提出的，但该解除提出的原因基于甲公司不能按照劳动合同约定提供劳动条件，故对于陈某关于解除劳动关系经济补偿金的请求予以支持。

本案的结果代表了审判实践对企业单方待岗的主流处理口径，即如果企业未与员工就变更合同内容达成书面协议，便单方安排员工待岗，属于单方变更劳动合同，有违合同约定和法律规定。也有少数案例判决认为，即便未签订书面协议或员工未明确表示是否同意企业的单方待岗决定,但已经实际履行待岗决定超过一个月的,应视为双方已经就劳动合同的变更达成了一致意见,若员工再主张待岗通知无效、继续履行原劳动合同以及待岗期间工资差额等,仲裁委或法院将不予支持。

公司制定的关于待岗人员的规定,是否在员工签字确认后便可以被认为是合法有效的?根据《劳动合同法》第四条规定,用人单位在制定、修改或者决定直接涉及劳动者切身利益的规章制度或者重大事项时,应当经职工代表大会或者全体职工讨论,提出方案和意见,与工会或者职工代表平等协商确定,并将制定或修改决定公示或者告知劳动者。因此,在规章制度的制定及修改上,员工签字确认并不是唯一的标准。规章制度的生效应符合以下三个要素:(1)不违反法律规定;(2)通过民主程序;(3)已向劳动者公示。

首先,在待岗规定是否符合法律规定的方面,《北京市工资支付规定》第二十七条规定,"非因劳动者本人原因造成用人单位停工、停业的,在一个工资支付周期内,用人单位应当按照提供正常劳动支付劳动者工资;超过一个工资支付周期的,可以根据劳动者提供的劳动,按照双方新约定的标准支付工资,但不得低于本市最低工资标准;用人单位没有安排劳动者工作的,应当按照不低于本市最低工资标准的70%支付劳动者基本生活费……"可见,企业在生产任务不足,停工停业时可以安排员工待岗并支付待岗工资。本案中,公司未能提供生产任务不足或经营情况不佳的证据,单方面要求员工待岗则不属于法律规定的待岗要求,侵害了劳动者的合法权益。

其次,关于规章制度应通过民主程序制定的问题,在企业制定直接涉及员工切身利益的规章制度时要由企业与员工协商确定,而《劳动合同法》第四条第二款所提到的"与工会或者职工代表平等协商"则是公司与员工民主协商的必经程序。本案中,公司没有就文件的制定和颁布经过职工代表大会讨论、公示等程序提供相应证据,未经上述程序制定的规章制度显然违反了法律的强制性规定,不得作为用人单位对劳动者进行管理和处罚的依据。

最后,关于规章制度的公示问题,在《劳动合同法》第四条最后一款中有明确规定:"用人单位应当将直接涉及劳动者切身利益的规章制度和重大事项决定公示,或者告知劳动者。"在实务操作中,为了证明企业确实履行了公示告知义务，通常企业都会采取将员工手册发给员工本人并由员工签收的方式，或者通过电子邮件等书面形式告知各项规章制度的共享地址，通知员工尽早阅读，以履行告知义务。

【操作建议】

企业在生产任务不足，停工停业时可以安排员工待岗并支付待岗工资，但前提是相应的制度要明确，后续笔者也会就制度的合规制定进行单独说明。

6.5 员工提出辞职不满三十天就自行离职，能扣工资吗？

【实战案例28】

2017年1月，孙某应聘到一家知名互联网公司任营销总监，双方签订了3年期限的劳动合同。合同中约定：职工提出辞职须提前30天以书面形式通知用人单位，否则，职工应支付一个月工资给公司代替提前通知期。2018年1月，孙某提出解除劳动合同，并于第二天起不再上班。公司依合同约定扣发了其12月的工资代替提前通知期。孙某不服，诉至当地劳动争议仲裁委员会。仲裁委审理后，支持了孙某的申诉请求。

【案例分析】

根据《劳动合同法》第三十七条规定，劳动者提前30日以书面形式通知用人单位，可以解除劳动合同。如果劳动者违法解除劳动合同给用人单位造成损失，用人单位可以向劳动者行使赔偿请求权。除此之外，法律没有规定劳动者对辞职行为承担违约责任。本案中，虽然双方在劳动合同中约定，职工未提前30天以书面形式通知用人单位解除劳动合同，应向单位支付一个月的工资代替提前通知期，但该约定显然超出了《劳动合同法》规定的法律范畴，应属无效。

【操作建议】

企业员工离职是常见的事，但是员工未提前申请，突然自行离职的情况并不多见，比较常见的是员工提出离职后，由于找到了其他工作，或者有其他事要处理，不满 30 天就要离开。对于另一家企业来说，常常会催促员工尽早入职，而员工则要求一两周就离开，对于此种情况，可以考虑从如下两个方面解决。

一、制定合理的离职管理制度

不管员工的离职是何种情况，企业都必须在相关的管理制度中给予确定，以便于具体落实、执行。在制定员工离职等方面的管理制度时，必须充分征求员工、各管理部门等方面的意见和建议，这也是必要的工作前提。然后充分考虑企业在执行过程中各种有利、不利因素等，并在汇集各种因素的前提下寻找其中的管理制度的全面性、平衡点、解决办法。当然，如本案例一样，制度的制定不能违背法律。

二、考虑员工突然离职的原因

尽管《劳动合同法》规定员工离职必须提前一个月提出离职申请，但同时也要充分考虑员工的具体实情。

员工因自身身体不适或家属生病等情况提出的离职，要人性化处理。如果是非常重要的岗位，可以采用适当给予事假等方式进行处理。

员工已找到其他企业的就职机会。通常来说，员工交接工作一两周就够了，就算勉强留下来，员工也是"身在曹营心在汉"了，没必要让其在职 30 天，其在职一天，企业还得开一天工资。如果是非常重要的岗位，在这种情况下就要和员工协商处理，一般来说，员工也不会撕破脸皮，毕竟很多单位还是要做背景调查的。对于企业 HR 来说，也要尽快找到合适的人员接替工作。

作为人力资源管理者，针对不同的员工离职原因，一定要有针对性地进行处理，面对员工突然离职的情况，必须分析原因，综合考虑，尽量做到人性化管理，以达到稳定员工、甚至稳定企业的目的。

6.6 员工向公司请假，公司不批，员工若自行休假算旷工吗？

【实战案例 29】

小夏系某互联网公司员工。2016年3月8日，小夏因有事打电话跟公司请假，公司没有批，然后小夏就不去上班了，3月14日，公司以其无故旷工为由解除劳动合同。小夏申请仲裁要求公司支付违法解除劳动合同的赔偿金。

仲裁阶段，小夏提交请假录音和辞退录音。请假录音内容为："小夏：我想请个长假……王某：你明天最起码得去趟单位把这东西交接一下吧，他接不接得了，先得让他了解一下这事是不是……小夏：嗯，明天再说吧，王工。"辞退录音："小夏：我说公司现在的意思是辞退我吗？李主任：那你不来上班，还天天等着你吗？"公司认可辞退录音的真实性。

【案例分析】

劳动合同约定："乙方在甲方工作期间犯有以下错误的或存在以下情形的，甲方可立即与其解除劳动合同并不支付任何补偿。由于乙方行为给甲方造成经济损失的，甲方有权要求乙方赔偿。乙方在与甲方存在劳动关系期间一年累计旷工三个工作日以上的或连续旷工两个工作日。"

一、一审判决

一审法院判决认定：依据《劳动法》第三条第二款，劳动者应当遵守劳动纪律和职业道德。

关于劳动关系解除，小夏于2016年3月8日打电话跟公司请假，在公司没有批准的情况下，就直接不去上班了。小夏出勤至2016年3月8日，此后无故旷工，属于严重违反劳动纪律，公司与小夏解除劳动关系属于合法解除，公司无须支付小夏违法解除劳动关系赔偿金。

小夏不服，向中级人民法院提起上诉。

二、二审判决

中级人民法院经审理认为：劳动者应当遵守用人单位的规章制度。小夏以有事需要处理为由，向公司请假，应当按照单位的要求办理请假手续，而其未办理请假手续，不再上班，违反了公司对员工的正常管理制度，公司解除与小夏的劳动关系，不违反法律规定，小夏要求支付违法解除劳动关系经济赔偿金没有法律依据，本院不予支持。

三、申请再审

小夏还是不服，向高级人民法院申请再审。其理由如下：

原判决在案件处理上明显存在认定事实错误且适用法律错误。认定事实缺乏必要证据，推理过程逻辑混乱、以偏概全，运用法律缺乏客观公正，依法应予改判。

四、高院裁定

高级人民法院经审查认为，劳动者应当遵守用人单位的规章制度。

小夏以有事需要处理为由，向公司请假，应当按照单位的要求办理请假手续，而其未办理请假手续，便不再上班，违反了公司对员工的正常管理制度，公司解除与小夏的劳动关系，符合双方认可的劳动合同中的约定，不违反法律规定。小夏要求支付违法解除劳动关系经济赔偿金，没有法律依据，本院不予支持。

【操作建议】

由此可见，用人单位在规章制度制定方面的重要性，一定要依法制定规章制度并进行公示，如果此案中企业制度没有明确请假程序及违反纪律的处理方式，用人单位将必然败诉。

第七章
劳动合同变更

劳动合同的变更是指劳动合同依法订立后，在合同尚未履行或者尚未履行完毕之前，经用人单位和劳动者双方当事人协商同意，对劳动合同内容作部分修改、补充或者删减的法律行为。劳动合同的变更是原劳动合同的派生，是双方已存在的劳动权利义务关系的发展。

7.1 员工拒绝合理调岗，企业怎么办？

【实战案例30】

担任某公司研发部工程师的李某因研发能力欠缺，其参与的几次研发项目都因李某而延迟进程。2013年6月，研发部对李某进行半年度考核，考核结果为不合格，且按公司关于考核的规定属于不能胜任工作。公司人力资源部按程序发出调岗通知书，将李某的工作岗位调整至售后技术支持岗位。但是，李某拒绝到售后技术部上班，也未在人事部规定的时间内到新岗位报到。人力资源部经过多次督促后，以连续旷工为由，依据公司规章制度解除与李某签订的劳动合同。李某认为公司违法调岗在先，自己不到新岗位报到的行为不属于旷工，公司单方面解除劳动合同是违法的。

【案例分析】

根据《劳动合同法》第三十九条规定，员工严重违反用人单位的规章制度的，企业可以解除劳动合同。根据《劳动合同法》第四十条规定，员工不能胜任工作的，企业可以调岗或培训，仍不能胜任工作的，企业可以提前30日书面通知员工解除劳动合同。

企业调整员工岗位的，需与员工协商一致。但是，在法定情形下，企业是可以单方调整员工岗位的。上述《劳动合同法》第四十条虽然是关于企业单方解除劳动合同的规定，但也恰恰是法律授权企业在法定情形下可以单方调整员工岗位的规定。

如上所述，员工不能胜任工作，企业可以单方调整员工工作岗位。企业在实施单方调岗前与员工充分沟通并取得员工认可，则一般不会出现问题。但是，不胜任工作事实上是对员工的否定评价，且企业基于此前提对员工进行调岗后的新岗位很可能不符合员工的心理期望等，因此被调岗员工收到企业的调岗通知书后，往往会采取抵制行为或对抗措施：第一类是不到公司上班，理由是企业调岗违法，属于不提供劳动条件等；第二类是继续到原岗位上班而不到新岗位工作，理由是企业调岗违法和不合理；第三类是到新岗位工作但不履行岗位职责或不切实履行岗位职责；第四类是虽然到公司工作，但不到原岗位工作也不到新岗位工作，而是"非暴力不合作"，如到老板办公室或人力资源部静坐，或者采取串岗、打扰他人工作等捣乱行为。

【操作建议】

企业调岗合法合理的前提下，针对上述情形，企业该如何应对？

第一，可否以"旷工"为由予以处理，直至解除劳动合同？所谓旷工，一般是指员工既未请假亦无正当理由，而不到公司工作。因此，针对第一类员工，企业按旷工处理并无不妥。但针对其他三类员工，企业按旷工处理则无事实依据。

第二，大多数企业的规章制度均明确规定：如员工不服从企业工作安排，按严重违反规章制度处理即解除劳动合同。因此，针对上述第二类员工、不履行工作职责的第三类员工、非暴力不合作的第四类员工，我们认为可按不服从企业工作安排予以处理。

第三，对于不切实履行工作职责的员工，换言之，该类员工在新岗位工作采取"软对抗"，比如不努力工作、用几天时间完成本可以当日完成的任务等。对于此类员工，企业有必要加强考核，如果经再次考核仍不能胜任工作，企业可以解除劳动合同，或者由双方协商解除劳动合同。当然得按规定向员工支付解除劳动合同的经济补偿金。

第四，针对采取捣乱行为的第四类员工，亦得以企业规章制度有明确规定为前提，比如按不服从企业工作安排为由解除劳动合同，或者按扰乱企业管理秩序等为由解除劳动合同。

如果企业的调岗合理合法，但员工不服从调岗并采取相应对抗行为或抵制措施的，企业如何采取处理措施应具体问题具体分析。当然，如果企业的调岗不合法或不合理，员工采取相应对抗行为或抵制措施，则企业就不能按上述意见作出处理。

7.2 调岗的同时可以降薪吗？

【实战案例 31】

某制造企业业务经理张某已连续半年未完成业绩指标。2016 年 5 月 10 日，公司人事部门对张某所做的绩效评估结论为不符合岗位要求、不能胜任现有工作岗位。张某认可公司的结论，并在绩效评估表上签字确认。2016 年 5 月 15 日，公司决定将其岗位调整为业务主管，同时其基本工资从 8000 元降为 6000 元。张某收到调岗通知后，拒绝在调岗通知书上签字。张某认为虽然因其未能胜任工作，公司有权调整其岗位，但未经其本人同意公司不得调整其工资。

【案例分析】

在法定情形下，企业基于法律授权可以对员工单方调岗，但是能否薪随岗降，即企业在调岗的同时可否降低员工的工资？实践中存在截然相反的两种争议：

一是"薪不随岗降"。工资条款系劳动合同的必备条款，只有经双方协商一致，企业方可降低工资，否则，企业即属于违反劳动合同法的相关规定。而且，虽然企业因员工不能胜任工作等可以调整员工的岗位，但是这并不意味着企业同时有权单方降低员工的工资，毕竟劳动合同法并未授权企业可在调岗的同时降低员工工资。

二是"薪可随岗降"。员工不能胜任工作的，企业有权单方调整员工岗位已无异议，但是伴随员工的岗位发生变化，其岗位职责、工作内容甚至劳动强度等均发生变化，在此前提下，如企业不能降薪，则与《劳动法》（第四十六条）关于同工同酬的法律规定和按劳分配原则相悖。从企业用工管理权来说，岗位管理亦包含相应的薪酬管理，岗位变动必然导致工资标准等的变动。既然立法已明确授权企业在法定情形下可以单方调整员工的岗位，则可以认为企业的单方调岗权同时亦包含薪酬调整权。否则，立法授权企业在法定情形下单方调岗并无任何意义。因此，应理解企业的单方调岗权，不能机械地解读法律条款。

【操作建议】

我们认为，调岗的时候可以调整薪酬。当然，需明确以下三个前提。

第一，企业调岗必须合理合法。如企业调岗不合法或不合理的，则"薪随岗降"缺乏合法基础或前提，势必导致企业单方降薪的不合法或不合理。

第二，需明确调岗后新岗位的工资标准。这要求企业的薪酬体系须完善，每个岗位所对应的工资标准应当明确。否则，企业单方调整员工的岗位时，员工的工资标准需调整至什么标准则无章可循，进而导致只能按协商降薪的方式对员工的工资标准进行调整，这样企业就比较被动了。

第三，企业不得恶意降薪。企业基于单方调岗而调整员工工资标准时，应当遵循合理原则和同工同酬原则——前者要求企业的降薪幅度不能过大，如降幅50%以上，后者要求员工被调整后的工资标准应当与公司相同岗位（或类似岗位）或相同级别（或类似级别）的其他员工基本处于同一水平或不应有明显差距。否则，一旦企业的降薪行为被认定为恶意降薪，则企业的薪随岗降措施必然是失败的。

凡事也有例外，如不胜任工作的女员工恰恰处于"三期"之内的，则企业在调岗的时候，不得降低该女员工工资标准（参见《女职工劳动保护特别规定》《妇女权益保障法》等）。当然，企业虽然在女职工"三期"之内不得单方降低其工资，但是，双方可以通过协商方式调整"三期"女员工的工资标准。企业亦可在书面调岗通知中明确:"三期"届满后的合理期限内,被调岗的女员工之工资标准按新岗位的工资标准执行。

7.3 公司单方调岗,员工坚决不从,能解雇吗?

【实战案例 32】

陈某于 2008 年 2 月到某公司从事项目管理工作。2014 年 3 月,双方签订了无固定期限劳动合同,约定陈某从事项目管理工作,某公司根据工作需要,按照合理诚信原则,可依法变动陈某的工作岗位。同年 10 月,陈某参加了公司组织的其他岗位技能培训。后公司通知陈某到新岗位工作,并告知陈某拒绝到岗的相应后果,但陈某予以拒绝。同月 21 日,某公司再次征求陈某意见并被拒绝。同日,某公司向陈某送达岗位调动通知书,通知书载明了相关调岗情形以及不服从调岗的相关后果,陈某未到岗。同月 23 日,某公司人力资源部通知工会,告知陈某的行为构成《员工手册》的丙类过失,将对陈某给予解除合同的处理,公司工会盖章同意。同日,公司出具通知单载明:兹有陈某由于非本人意愿解除劳动合同等,陈某在通知单上签字。

后陈某申请仲裁,要求某公司支付解除劳动合同的赔偿金,仲裁委对陈某的请求不予支持。陈某诉至法院。

法院经审理认为,用人单位依法享有合理的用工自主权。劳动合同中约定单位根据工作需要可依法变动陈某工作岗位的条款并不违反法律的禁止性规定,应属有效。

因陈某不同意岗位调动,单位多次与其沟通并书面告知相应后果,陈某均不服从岗位调整。一审法院判决驳回陈某的诉讼请求。后陈某不服提起上诉,二审法院维持原判。

【案例分析】

用人单位因客观情况发生变化或生产经营需要,对人员岗位进行适当、合理的调整，属于用人单位的用工自主权。在市场经济体制下，用人单位在依法合理范围内对劳动者进行岗位调整，且履行了相应的程序，劳动者无正当理由不服从用人单位管理，用人单位可根据单位规章制度、员工手册，依法解除劳动合同。

【操作建议】

用人单位与劳动者调整岗位，是否应赔偿需要根据具体情况来确定。

第一，调岗属于变更劳动合同的主要内容，用人单位必须先与劳动者协商一致，未经劳动者同意，用人单位单方面调整岗位，原则上是无效的。

第二，如果用人单位因生产经营需要调岗，且调岗具有合理性，对员工不存在侮辱或惩罚性质，工资待遇不降低，与劳动合同约定的岗位之间存在相关性，则调岗有效。当然，调整岗位的合理性需要用人单位举证；反之，用人单位基于迫使劳动者离职而调整岗位的，劳动者是可以拒绝的。用人单位以劳动者不服从安排为由解除劳动合同，就属于违法解除；劳动者可以申请劳动仲裁要求支付赔偿金，工作1年支付2个月工资，即"2N"（赔偿金＝补偿金×2）。

第三，如果劳动者不能胜任工作，用人单位也是有权调整岗位的。当然，用人单位主张劳动者不能胜任工作也需要提供证据。劳动者拒绝调整岗位的，用人单位据此解除劳动合同，属于合法解除，但是用人单位也应该支付经济补偿，即"N"（补偿金）。

《劳动合同法》第四十六条规定："有下列情形之一的，用人单位应当向劳动者支付经济补偿：

（一）劳动者依照本法第三十八条规定解除劳动合同的；

（二）用人单位依照本法第三十六条规定向劳动者提出解除劳动合同并与劳动者协商一致解除劳动合同的；

（三）用人单位依照本法第四十条规定解除劳动合同的；

（四）用人单位依照本法第四十一条第一款规定解除劳动合同的；

（五）除用人单位维持或者提高劳动合同约定条件续订劳动合同，劳动者不同意续订的情形外，依照本法第四十四条第一项规定终止固定期限劳动合同的；

（六）依照本法第四十四条第四项、第五项规定终止劳动合同的；

（七）法律、行政法规规定的其他情形。"

第四十七条规定："经济补偿按劳动者在本单位工作的年限，每满一年支付一个月工资的标准向劳动者支付。六个月以上不满一年的，按一年计算；不满六个月的，向劳动者支付半个月工资的经济补偿。

劳动者月工资高于用人单位所在直辖市、设区的市级人民政府公布的本地区上年度职工月平均工资三倍的，向其支付经济补偿的标准按职工月平均工资三倍的数额支付，向其支付经济补偿的年限最高不超过十二年。

本条所称月工资是指劳动者在劳动合同解除或者终止前十二个月的平均工资。"

第四十八条规定："用人单位违反本法规定解除或者终止劳动合同，劳动者要求继续履行劳动合同的，用人单位应当继续履行；劳动者不要求继续履行劳动合同或者劳动合同已经不能继续履行的，用人单位应当依照本法第八十七条规定支付赔偿金。"

第八十七条规定："用人单位违反本法规定解除或者终止劳动合同的，应当依照本法第四十七条规定的经济补偿标准的二倍向劳动者支付赔偿金。"

7.4　当企业面临关闭时，如何处理劳动关系？

国家为加快推进要素市场化配置综合配套改革，优化资源配置，完善企业市场化退出机制，加快淘汰落后和低效产能，引导企业退低进高转型升级，必然涉及企业关停并转的问题。

企业在关停并转过程中，无法回避劳动者的劳动关系问题，企业如何在关停并转前合理安置员工，考验着 HR 和企业各级管理者的智慧。

7.4.1　企业关闭

所谓的"关"，指的是关厂或关公司，本质是指公司被注销。

《劳动合同法》第四十四条规定:"有下列情形之一的,劳动合同终止:

(一)劳动合同期满的;

(二)劳动者开始依法享受基本养老保险待遇的;

(三)劳动者死亡,或者被人民法院宣告死亡或者宣告失踪的;

(四)用人单位被依法宣告破产的;

(五)用人单位被吊销营业执照、责令关闭、撤销或者用人单位决定提前解散的;

(六)法律、行政法规规定的其他情形。"

企业法人被依法注销后劳动关系应自行终止。此时企业还得支付劳动者补偿金。

一般公司注销过程涉及资产清算的应经过下列程序:

(1)成立清算组,这里的清算组是指帮这个公司做清算的团体;

(2)通知或公告债权人;

(3)登记债权;

(4)制订清算方案;

(5)确定并实施清算方案;

(6)清算组作清算报告;

(7)注销登记并公告。

在整个过程中,笔者建议被公司拖欠工资的员工应该在清算组"通知或公告债权人"时,前去清算组登记债权。对于明确确认已存在的债权人,清算组会自己通知债权人来登记;对于不明确的债权人,在清算组成立10天后,清算组在60日内会在报纸上至少公告3次,通知所有的债权人来登记债权,以便他们能够依法制订清算方案。劳动者在登记后,拖欠的工资或者经济补偿才会被列入清算方案之中,这样劳动者的工资和补偿就有保障了,即使公司的所有财产和债权加起来不足以还清债务,公司也会优先支付劳动者工资和补偿。这是因为职工工资和劳动保险等费用的清算在偿还顺位中仅次于清算费。换句话说,在清算方案中,首先公司应该付清算组的清算费,其次就应该付劳动者的工资等一些费用,剩余的再去付其他债务。

如果劳动者没有在清算公告规定的截止日期之前进行债权登记,清算组又不知道存在该劳动者工资或者补偿的，那就视为劳动者放弃合法权益。

公司在没有处理好善后事宜的情况下突然注销，有恶意逃避责任之嫌疑，作为劳动者可以起诉股东。

7.4.2 停止运营

"停"主要指的是企业效益不好，停工、停产、歇业。

在企业效益不好的时候，需要控制成本，开源节流，尤其多通过节流的办法来渡过危机。在企业的成本中，人力成本占比较大，尤其在一些劳动力密集型的企业当中，人力成本甚至会占到企业成本的60%以上。所以，当企业效益不好时，人力资源部门就要开始研究怎么去控制人力成本的问题。通常我们看到的手段大概有这样两种。第一种：比方说停工、歇业；第二种：产线搬迁、合并，从成本高的地区搬到成本低的地区，然后部门的优化、组合，组织机构的从新调整，再到最后裁员，还有一些可能会关掉工厂、子公司等。

7.4.3 企业搬迁

【实战案例33】

某世界500强的外资企业，在北京有几条生产线。因为效益问题，公司高层决定将生产线从北京搬到江苏，北京的生产线涉及600多名工人，如果生产线从北京搬到江苏，这600多名工人就面临被辞退的问题，怎么处理最优呢？

【案例分析】

企业当时想直接裁员，这个方案是有问题的。法律上对裁员是有要求的，如生产必须发生严重困难，在北京市要求是非常严的，是不是最近三年连续亏损，连续6个月是否发不出工资等。如果符合上述要求，企业在程序上要提前一个月向人力资源社会保障部门做备案。

【操作建议】

可以有以下三个方案。

方案一：给员工作劳动合同变更，工作地点从北京变更为江苏。

方案二：签订离职协议，企业会给员工"N+2"［补偿金+2个月代通知金（法律仅规定1个月，部分企业自行使用）］的补偿，比法定标准稍微高一点。另外还涉及员工的年终奖，这些部分按比例、相关政策规定签协议全部给大家。

方案三：按照《劳动合同法》第四十条第（三）项规定，劳动合同订立时所依据的客观情况发生重大变化，致使劳动合同无法履行，经用人单位与劳动者协商，未能就变更劳动合同内容达成协议的。公司提前30日通知，可以单方面解除劳动合同。

如果前两种都不接受的话，那么公司就可以单方面解除劳动合同，这个时候员工能拿到的赔偿金就是"N+1"（补偿金+1个月代通知金）。生产线的搬迁，属于是客观情况发生重大变化，导致原劳动合同无法履行，之后企业就用方案一协商，在员工不同意的情况下，又抛出方案二，最终600多名员工，将近有10%选择了方案一，大多数员工选择了方案二。

第八章

劳动合同解除

劳动合同解除，是指当事人双方提前终止劳动合同的法律效力，解除双方的权利义务关系。劳动合同解除，可以分为以下三类。

一是双方协商解除劳动合同。用人单位与劳动者协商一致，可以解除劳动合同。协商解除劳动合同没有规定实体、程序上的限定条件，只要双方达成一致，内容、形式、程序不违反法律禁止性、强制性规定即可。若是用人单位提出解除劳动合同的，用人单位应向劳动者支付解除劳动合同的经济补偿金。

二是劳动者单方解除劳动合同。具备法律规定的条件时，劳动者享有单方解除权，无须双方协商达成一致意见，也无须征得用人单位的同意。具体又可以分为预告解除和即时解除。

三是用人单位单方解除劳动合同。具备法律规定的条件时，用人单位享有单方解除权，无须双方协商达成一致意见。主要包括过错性辞退、非过错性辞退、经济性裁员三种情形。

8.1 医疗期满就可以随意解除劳动关系吗？

【实战案例 34】

小张大学毕业后就在 H 公司工作，至今已工作了 8 年。2019 年 1 月初，小张因腰疼难忍去医院就诊，经检查确诊为腰椎间盘突出，需住院治疗。小张向单位请假，可是单位最多只能给她两个月的治疗期。两个月后小张出院了，领导根据她的情况安排她到公司资料室上班。不料一个月后，即 4 月 3 日小张旧病复发，又住院治疗 20 多天才出院。出院后当她再次要求上班时公司就不同意了，而且书面通知她，依据《劳动合同法》第四十条第（一）项关于"劳动者患病或者非因工负伤，在规定的医疗期满后不能从事原工作，也不能从事由用人单位另行安排的工作的"可以解除劳动合同的规定，决定解除劳动合同。

【案例分析】

在本案例中，小张实际工作年限和本单位工作年限均为8年，因此其医疗期应为6个月，而不是两个月。而且即使其医疗期满了，如果她不能从事原岗位工作，单位还要另行安排其他岗位的工作。如果小张不能从事其他岗位的工作，单位才能解除劳动合同。

【操作建议】

根据《劳动合同法》第四十条第（一）项规定，劳动者患病或者非因工负伤，在规定的医疗期满后不能从事原工作，也不能从事由用人单位另行安排的工作的，用人单位可以解除劳动合同。那什么是医疗期呢？根据《企业职工患病或非因工负伤医疗期规定》，医疗期是指企业职工因患病或非因工负伤停止工作治病休息不得解除劳动合同的时限。医疗期根据两个因素来确定：一是本人的实际参加工作年限，二是本单位的工作年限。具体的医疗期长度如下：（一）实际工作年限十年以下的，在本单位工作年限五年以下的为三个月；五年以上的为六个月。（二）实际工作年限十年以上的，在本单位工作年限五年以下的为六个月；五年以上十年以下的为九个月；十年以上十五年以下的为十二个月；十五年以上二十年以下的为十八个月；二十年以上的为二十四个月。

因此，提醒用人单位注意，不是劳动者患病用人单位就可以解除劳动合同，医疗期也不是由单位决定的，解除患病或非因工负伤职工的劳动合同也必须符合法定的条件和程序。

8.2 实行末位淘汰制，属于非法解除劳动合同吗？

【实战案例 35】

2014年3月10日，彭某进入重庆某实业有限公司工作，岗位为招商专员，该公司为彭某办理了社会保险。双方签订了书面劳动合同，约定合同期限至2016年5月14日止，彭某月工资3500元，提成按公司制订的提成方案执行。2016年2月17日，某公司以"按2015年度招商人员激励制度实行末位淘汰制，该员工予以淘汰"为由，解除与彭某的劳动关系，双方办理了工作交接，某公司向彭某支付了补偿款7000元。双方劳动关系解除前12个月，彭某月平均工资为9924元。2016年3月9日，彭某向区劳动人事争议仲裁委员会申请仲裁失败，遂诉至人民法院。

【案例分析】

经审理，法院认为《劳动合同法》第四十条第（二）项规定的"不能胜任"，是指劳动者不具备完成岗位任务的基本工作能力，"末位"与"不能胜任"不能直接画等号。末位淘汰并不属于劳动合同法规定的用人单位可以单方解除劳动合同的事由和情形。因此，被告的解除属上述法律规定的违法解除劳动合同，应当支付原告违法解除劳动合同的赔偿金。法院判决被告某公司向原告彭某支付违法解除劳动合同的赔偿金32696元。

用人单位合法辞退员工的情形有哪些？

（一）用人单位提出，经与员工协商一致，可以解除劳动合同。

（二）员工有下列情形之一的，用人单位可以随时解除劳动合同：

1. 在试用期内被证明不符合录用条件；
2. 严重违反劳动纪律或者用人单位规章制度；
3. 严重失职，营私舞弊，对用人单位利益造成重大损害；
4. 被依法追究刑事责任。

（三）有下列情形之一的，用人单位可以解除劳动合同，但是应当提前30日以书面形式通知员工本人。

1. 员工患病或者非因工负伤，医疗期满后，不能从事原工作也不能从事由用人单位另行安排的工作；

2. 员工不能胜任工作，经过培训或者调整工作岗位，仍不能胜任工作；

3. 劳动合同订立时所依据的客观情况发生重大变化，致使原劳动合同无法履行，经当事人协商不能就变更劳动合同达成协议。

但用人单位未提前30日通知员工的，应当支付该员工当年一个月月平均工资的补偿金。

（四）用人单位濒临破产进行法定整顿期间或者生产经营状况发生严重困难，应当提前30日向工会或者全体员工说明情况并听取意见，经向劳动部门报告后，可以裁减人员。

除以上情形外，其余情况都属于违法解雇。

【操作建议】

对企业来说，关键是如何确定员工"不能胜任工作"。

所谓"不能胜任工作"，是指劳动者不能按要求完成劳动合同中约定的任务或者同工种、同岗位人员的工作量。但是，用人单位不得故意提高定额标准，使劳动者无法完成。劳动者没有具备从事某项工作的能力，不能完成某一岗位工作任务的，用人单位可以对其进行职业培训，提高其职业技能，也可以把其调换到能够胜任的工作岗位，协助劳动者适应新的岗位。如果用人单位尽了这些义务，劳动者仍然不能胜任工作，说明劳动者不具备在该用人单位工作的职业能力。此时用人单位可以在提前30日书面通知或者额外支付劳动者一个月工资的前提下，解除与该劳动者的劳动合同。需要注意的是，用人单位不能随意调动劳动者工作岗位或提高工作强度，借口劳动者不能胜任工作而解除劳动合同。

"不能胜任工作"在企业管理中需要由一个关键依据——考核制度来认定，考核制度需要同时满足三个条件：一是用工双方明确岗位职责；二是管理方履行告知义务，让员工知晓公司的考核制度以及考核方式；三是公司对员工考核的核心是围绕其岗位职责进行的。

用人单位无法胜诉的一个常见原因是用人单位未能证明员工不能胜任其工作。一般来说，如果员工的劳动合同里没有写明工作职责，并且用人单位也没有设定任何的绩效考核标准，那么用人单位组织的绩效考核很有可能被认定为是主观和武断的，从而无法作为评价员工是否胜任的依据。

8.3 劳动合同解除后的赔偿金与补偿金如何支付？

【实战案例 36】

2014年5月3日，李某应聘到某科技公司工作，双方签订了为期2年的劳动合同，约定每月工资为10000元。2015年3月2日，该公司以效益不好为由单方解除了李某的劳动合同。在双方协商的过程中，李某认为自己在公司上班无任何过错，公司单方解除劳动合同属违法解除，应支付其赔偿金20000元及经济补偿金10000元。公司表示愿意支付违法解除劳动合同的赔偿金20000元，但认为李某提出公司支付经济补偿金10000元的请求没有法律依据。协商无果后，李某向当地劳动人事争议仲裁委员会提出仲裁申请。

【案例分析】

《劳动合同法》第八十七条规定："用人单位违反本法规定解除或者终止劳动合同的，应当依照本法第四十七条规定的经济补偿标准的二倍向劳动者支付赔偿金。"同时，《劳动合同法实施条例》第二十五条还规定："用人单位违反劳动合同法的规定解除或者终止劳动合同，依照劳动合同法第八十七条的规定支付了赔偿金的，不再支付经济补偿……"根据以上规定，仲裁委裁决公司支付李某赔偿金20000元，而对李某要求公司支付经济补偿金10000元的请求不予支持。

【操作建议】

经济赔偿金是指用人单位或者员工因违反法律规定或者违反合同约定，造成对方经济损失而向对方支付的赔偿。与经济补偿金不同，经济赔偿金具有惩罚性，是一种惩罚性赔偿。用人单位"违法"是劳动者请求赔偿金的前提，劳动者如果发现用人单位违法解除或终止劳动合同，有权请求其支付经济赔偿金。

经济补偿金是在劳动合同解除或终止后，用人单位依法一次性支付给劳动者的经济上的补助，是对劳动者由于劳动关系终止带来的利益损失的补偿，以便劳动者在重新就业的合理时间内有一个良好的经济过渡。

经济赔偿金和经济补偿金的最大区别是在责任方认定方面，这也是关系金额赔偿多少的重要因素。

一、二者不能重复适用

根据《劳动合同法》第四十六条规定，用人单位依法解除或终止劳动合同应当支付经济补偿。同时根据第八十七条规定，用人单位违法解除或者终止劳动合同，应当支付赔偿金。用人单位违法解除或者终止劳动合同时支付经济赔偿金后，还要不要再支付经济补偿金呢？对此，《劳动合同法实施条例》第二十五条进行了明确规定："用人单位违反劳动合同法的规定解除或者终止劳动合同，依照劳动合同法第八十七条的规定支付了赔偿金的，不再支付经济补偿。赔偿金的计算年限自用工之日起计算。"

二、二者计算标准不同

（一）经济补偿金的计算

根据《劳动合同法》第四十七条的规定，经济补偿按劳动者在本单位工作的年限，每满一年支付一个月工资的标准向劳动者支付。六个月以上不满一年的，按一年计算；不满六个月的，向劳动者支付半个月工资的经济补偿。劳动者月工资高于用人单位所在直辖市、设区的市级人民政府公布的本地区上年度职工月平均工资三倍的，向其支付经济补偿的标准按职工月平均工资三倍的数额支付，向其支付经济补偿的年限最高不超过十二年。本条所称月工资是指劳动者在劳动合同解除或者终止前十二个月的平均工资。

计算公式：经济补偿金 = 基数 × 补偿年限

（二）赔偿金的计算

根据《劳动合同法》第八十七条的规定：用人单位违反本法规定解除或者

终止劳动合同的，应当依照本法第四十七条（见上文）规定的经济补偿标准的二倍向劳动者支付赔偿金。

计算公式：赔偿金 = 经济补偿金 × 2。

三、二者支付条件不同

（一）什么情形下需要支付经济补偿金？

用人单位应当向劳动者支付经济补偿的，大致有以下情形（对应《劳动合同法》第四十六条的情形）：

1. 劳动者依法解除劳动合同的。（《劳动合同法》第三十八条的情形）

第三十八条 用人单位有下列情形之一的，劳动者可以解除劳动合同：

（一）未按照劳动合同约定提供劳动保护或者劳动条件的；

（二）未及时足额支付劳动报酬的；

（三）未依法为劳动者缴纳社会保险费的；

（四）用人单位的规章制度违反法律、法规的规定，损害劳动者权益的；

（五）因本法第二十六条第一款规定的情形致使劳动合同无效的；

（六）法律、行政法规规定劳动者可以解除劳动合同的其他情形。

用人单位以暴力、威胁或者非法限制人身自由的手段强迫劳动者劳动的，或者用人单位违章指挥、强令冒险作业危及劳动者人身安全的，劳动者可以立即解除劳动合同，不需事先告知用人单位。

2. 用人单位向劳动者提出解除劳动合同并与劳动者协商一致解除劳动合同的。（《劳动合同法》第三十六条或第四十条第（一）项、第（二）项的情形）

第三十六条 用人单位与劳动者协商一致，可以解除劳动合同。

第四十条 有下列情形之一的，用人单位提前三十日以书面形式通知劳动者本人或者额外支付劳动者一个月工资后，可以解除劳动合同：

（一）劳动者患病或者非因工负伤，在规定的医疗期满后不能从事原工作，也不能从事由用人单位另行安排的工作的；

（二）劳动者不能胜任工作，经过培训或者调整工作岗位，仍不能胜任工作的；

……

3. 用人单位非过失性辞退劳动者。（《劳动合同法》第四十条第（三）项的情形）

第四十条 有下列情形之一的，用人单位提前三十日以书面形式通知劳动者本人或者额外支付劳动者一个月工资后，可以解除劳动合同：

……

（三）劳动合同订立时所依据的客观情况发生重大变化，致使劳动合同无法履行，经用人单位与劳动者协商，未能就变更劳动合同内容达成协议的。

4.用人单位依法裁员。(《劳动合同法》第四十一条的情形)

第四十一条 有下列情形之一，需要裁减人员二十人以上或者裁减不足二十人但占企业职工总数百分之十以上的，用人单位提前三十日向工会或者全体职工说明情况，听取工会或者职工的意见后，裁减人员方案经向劳动行政部门报告，可以裁减人员：

（一）依照企业破产法规定进行重整的；

（二）生产经营发生严重困难的；

（三）企业转产、重大技术革新或者经营方式调整，经变更劳动合同后，仍需裁减人员的；

（四）其他因劳动合同订立时所依据的客观经济情况发生重大变化，致使劳动合同无法履行的。

裁减人员时，应当优先留用下列人员：

（一）与本单位订立较长期限的固定期限劳动合同的；

（二）与本单位订立无固定期限劳动合同的；

（三）家庭无其他就业人员，有需要扶养的老人或者未成年人的。

用人单位依照本条第一款规定裁减人员，在六个月内重新招用人员的，应当通知被裁减的人员，并在同等条件下优先招用被裁减的人员。

5.劳动合同到期终止。(《劳动合同法》第四十四条第（一）项的情形。备注：用人单位维持或者提高劳动合同约定条件续订合同，劳动者不同意续订的除外)

第四十四条 有下列情形之一的，劳动合同终止：

（一）劳动合同期满的；

……

6.特殊情形下用人单位停止经营而导致劳动合同终止。(《劳动合同法》第四十一条第一款第（一）项或第四十四条第（四）项、第（五）项的情形)

第四十一条 有下列情形之一，需要裁减人员二十人以上或者裁减不足二十人但占企业职工总数百分之十以上的，用人单位提前三十日向工会或者全体职工说明情况，听取工会或者职工的意见后，裁减人员方案经向劳动行政部门报告，可以裁减人员：

（一）依照企业破产法规定进行重整的；

……

第四十四条 有下列情形之一的，劳动合同终止：

……

（四）用人单位被依法宣告破产的；

（五）用人单位被吊销营业执照、责令关闭、撤销或者用人单位决定提前解散的；

……

7.法律、行政法规规定的其他情形。

（二）什么情况下适用赔偿金？

在《劳动合同法》及相关法律法规规定的情形之外，用人单位单方面解除或终止劳动合同的，也就是说，用人单位解除劳动合同没有法律依据的（"违法终止或解除"），劳动者可以选择：（1）要求继续履行劳动合同；（2）不要求继续履行劳动合同，直接要求用人单位支付赔偿金。

当用人单位违法终止或解除劳动合同时，劳动者如果选择继续履行劳动合同的，无权再要求用人单位向其支付赔偿金。但是在劳动合同客观上不能继续履行的情况下，仲裁员或法官可以裁决用人单位支付赔偿金。

8.4 劳动者拒不交接工作，也拒不离职，怎么办？

【实战案例 37 】

小赵的劳动合同即将到期了，单位不打算续签。在向小赵发出不予续签通知书后，小赵表示反对，称自己找不到其他工作，于是在劳动合同到期之后，仍然每天来上班，并且每天在公司门口，拿一份当天的签到表拍照，以证明自己每天来上班。小赵为人蛮横，公司同事都不想招惹。此状况持续了两个月之久。鉴于小赵每天都来，公司也支付了这两个月的工资。后单位向其发出解除劳动合同通知书，并自当日起将不再支付工资。小赵随后向劳动仲裁委申请仲裁，要求企业支付其双倍工资、经济赔偿金等。劳动仲裁委最后支持了小赵的要求，判决企业支付双倍工资、经济赔偿金。

【案例分析】

在本案例中，企业在前期给小赵发了不予续签通知书，这种做法没有问题。之后小赵每天来上班，单位还支付工资的做法就有问题了，单位支付工资，双方就形成事实劳动关系，该事实劳动关系相当于原劳动合同的续签，因此用人单位不仅要支付一个月的双倍工资，在发出解除通知书后还应支付经济赔偿金。

【操作建议】

其实这种情况很好处理，劳动合同到期后，用人单位完全有权利不续签。如果个别劳动者蛮横无理，用人单位应采取法律手段来维护自身利益，如报警处理。如果用人单位不及时停发工资，停止缴纳社保，就很可能因为拖延而形成事实劳动关系。

8.5 劳动合同期满但培训服务期未到期时，如何处理？

【实战案例38】

2011年3月5日杨某入职某科技公司担任助理工程师，与公司签订5年期劳动合同。2014年10月，科技公司出资派杨某至德国进行为期3个月的培训。双方签订的培训服务期协议约定：杨某培训结束后应当在公司服务3年，并约定如杨某在服务期内提前离职或者因违反公司规章制度而被解除劳动合同的，按未服务期限与服务期的比例向公司承担支付培训费的违约责任。

2015年1月12日，杨某培训结束，回科技公司继续工作。2016年2月公司告知杨某：劳动合同到期后，公司决定不与杨某续订劳动合同，并要求杨某于2015年3月4日离职。杨某认为，双方约定的服务期还未到期，公司无权终止劳动合同。双方因此引发争议。

【案例分析】

根据《劳动合同法》第二十二条规定，企业为员工提供专项培训费用，对其进行专业技术培训的，双方可以约定服务期。

企业与员工约定有服务期的，势必涉及服务期与劳动合同期限的关系问题，尤其是当劳动合同期满但服务期未到期即服务期到期日晚于劳动合同到期日时容易出现纠纷。比如，企业认为没必要要求员工继续履行剩余服务期时可否终止劳动合同等成为企业不得不面对的现实问题。

根据《劳动合同法实施条例》第十七条规定，劳动合同期满，但是企业与员工依照劳动合同法第二十二条的规定约定的服务期尚未到期的，劳动合同应当续延至服务期满；双方另有约定的，从其约定。

因此，对于"劳动合同期满但培训服务期未到期"问题的处理，总的原则是双方无约定的，从法定；有约定的，从约定。

一是双方无约定的，从法定。劳动合同到期，但服务期未届满的，劳动合同应依法续延至服务期届满方可终止，这事实上也是固定期限劳动合同法定续延的一种情形。因此，我们认为：劳动合同虽已到期，但因已基于上述法律规定而续延，如企业提出终止合同，其本质上系违法解除劳动合同，应当承担违法解除劳动合同的法律责任。

需注意的是，部分地方对此类问题的处理有其特殊规定，如在上海，服务期是劳动者因接受用人单位给予的特殊待遇而承诺必须为用人单位服务的期限。约定的服务期限长于劳动合同期限的，劳动合同期满用人单位放弃对剩余服务期要求的，劳动合同可以终止，但用人单位不得追索劳动者服务期的赔偿责任。劳动合同期满后，用人单位继续提供工作岗位要求劳动者继续履行服务期的，双方当事人应当续订劳动合同。所以人力资源工作者一定要注意当地有没有相应的条款规定。

二是双方有约定的，从约定。对于劳动合同到期，但服务期未届满的处理，法律亦尊重双方的意愿和选择，如双方对此问题另有约定且不违反法律法规的强制性规定的，则优先适用双方约定。但是，在实务中，企业应注意的是此类约定应围绕服务期本身而进行，而不得针对劳动合同的终止条件或解除条件予以约定。前者，如"服务期因劳动合同期满而随之期满"；而后者，如"劳动合同到期时，企业通知员工不予履行剩余服务期的，则劳动合同终止"。虽然这两类约定殊途同归，但"细节决定成败"，两类条款的设计不同导致在是否违法问题上的结果可能是截然相反的。

三是劳动合同或服务期协议如无上述合法约定条款，在劳动合同到期时或者在劳动合同续延期内，亦可通过另行协商一致的方式解除劳动合同和培训服务期协议。

四是固定期限劳动合同终止时，如符合签订无固定期限合同条件，即便双方针对服务期存在诸如"服务期因劳动合同期满而随之期满"此类约定的，企业也不能终止固定期限劳动合同（在符合签订无固定期限合同的情形下，企业可否终止固定期限劳动合同，部分地方有特殊规定，企业从其规定即可）。当然，双方就固定期限合同的终止问题协商一致的，就没有问题。

8.6 合同期满，但遇到法定续延情形，怎么办？

【实战案例 39】

吴女士与公司签订的三年期固定期限劳动合同，将于 2016 年 9 月 21 日到期，2016 年 8 月 15 日公司人力资源部与其先行沟通，提出双方劳动合同到期后将不予续签劳动合同，并告知吴女士公司届时将提前 30 日书面通知其办理劳动合同终止手续。2016 年 8 月 17 日吴女士因身体不适经请假后到医院检查，发现自己怀孕近 2 个月。2016 年 8 月 18 日到公司上班后，吴女士第一时间将怀孕情况告知公司，希望公司可以继续与其签订合同。

【案例分析】

根据《劳动合同法》第十四条、第四十四条、第四十六条之规定，除非遇到应当依法签订无固定期限劳动合同的情形，否则，固定期限劳动合同因期限届满而终止，即企业可以终止双方劳动合同，但应按规定向员工支付经济补偿金。至于企业终止固定期限劳动合同是否需提前向员工书面通知，则视各地规定不同而不同，如北京规定企业终止劳动合同应当提前30日书面通知员工，否则，每晚通知1日，则应向员工支付1日工资的赔偿金。

基于对特殊人群的保护，当固定期限劳动合同期限届满，恰好遇到法律规定的特殊情形时，则固定期限劳动合同应当依法续延至相应情形消失时方可终止（《劳动合同法》第四十五条）。遇有下列情形之一，固定期限劳动合同期满时应依法自动续延，企业不得终止劳动合同：

第一，从事接触职业病危害作业的劳动者未进行离岗前职业健康检查，或者疑似职业病病人在诊断或者医学观察期间的。

第二，在本单位患职业病或者因工负伤并被确认丧失或者部分丧失劳动能力的。

第三，患病或者非因工负伤，在规定的医疗期内的。

第四，女职工在孕期、产期、哺乳期的。

第五，在本单位连续工作满十五年，且距法定退休年龄不足五年的。

第六，工会主席、副主席或者委员任职期间，劳动合同期满的。但是，任职期间个人严重过失或者达到法定退休年龄的除外。（参见《工会法》第十八条）

第七，职工协商代表在任期内，劳动合同期满的。（参见《关于进一步推行平等协商和集体合同制度的通知》）。

本案即为固定期限劳动合同需依法续延的典型情形——女职工"三期"。毫无疑问，公司不得终止与吴女士的劳动合同，而是应依法续延吴女士的劳动合同至哺乳期结束（在正常情况下，排除流产、婴儿夭折等情形）方可终止。

【操作建议】

那么，就固定期限劳动合同续延问题，公司是否该采取相应措施呢？

第一，既然固定期限劳动合同因女职工"三期"而依法续延，则企业可以采取"无为而治"的做法，默默认可劳动合同续延的事实即可；从劳动合同管理角度来看，人力资源部应当做好备注或记录。当然，企业也可以制作告知书，告知女员工劳动合同依法续延的事实即可，但是，切忌让该类告知文件具有协议的性质。

有的企业采取与女员工另行签订固定期限合同的方式。这种做法是不可取的，等于增加了一次签订固定期限劳动合同的次数，不但导致企业与员工签订无固定期限合同的条件得以成立，也导致企业丧失终止固定期限劳动合同的权利。当然，企业是否可以终止第二次固定期限合同，各地规定是存在区别的，详见当地规定。

第二，劳动合同续延期间，企业是否支付未签订固定期限劳动合同的双倍工资？

在实践中，很多企业提出如此疑问。答案是否定的——劳动合同依法续延，其本质上是固定期限劳动合同的终止期限按法律规定而依法延长，劳动合同仍然存在，员工要求所谓的未签订劳动合同的双倍工资当然是无事实依据和法律依据的。

第三，企业需注意非正常情形下劳动合同的终止问题：仍以固定期限劳动合同因"三期"而续延为例。正常情况下，固定期限劳动合同应续延至哺乳期结束（婴儿满1周岁时）方可终止。但非正常情况下，如女员工流产（无论是自然流产还是人工流产）的，则企业可在法定流产假结束的第二日办理劳动合同终止手续（流产假天数参见《女职工劳动保护特别规定》）；再如，女职工产假结束后但哺乳期结束前婴儿因疾病等原因夭折的，企业亦可办理劳动合同终止手续。

遇有上述非正常情形，企业终止劳动合同的做法可能会招致非议。比如，被认为是"没人情味儿"或"无人性"，但企业的用工管理不应被"道德绑架"，否则，将可能陷入系列用工风险。比如，企业在女职工流产假结束后的2个月至3个月再终止劳动合同，则会面临以下两种情况：一是按法律规定，已续延的劳动合同于女职工流产假结束之日即期限届满，若该2个月至3个月双方未续订劳动合同，则企业将承担未签订劳动合同的双倍工资；二是企业终止劳动合同的时机已过，进而导致被认定为违法终止劳动关系。因此，如何在管理与法律之间寻求一个平衡点，是企业HR需要考虑的问题。

8.7 劳动合同到期续延条款的理解与适用

【实战案例 40】

2012年9月6日，段某入职北京某科技公司担任研发工程师，双方劳动合同约定：本合同期满后，任何一方对本合同的继续履行未提出异议或未提出终止本合同的，则本合同自动续延。2016年9月5日，双方劳动合同期满，公司和段某均未提出异议……段某在科技公司工作至今。

【案例分析】

基于对特殊人群的保护，当固定期限劳动合同到期时，如遇有法律法规规定的情形，则固定期限劳动合同应当续延至相应情形结束时方可终止，此为固定期限劳动合同的法定续延，此种情况本书中已有说明，此处不再赘述。

在企业用工管理实务中，部分企业与员工在劳动合同中约定"固定期限劳动合同到期续延"，与法定续延相对应，可称之为"约定续延"。一般来说，如下两类自动续延条款系劳动合同中约定的比较常见的条款：

A. 本合同期满后，任何一方对本合同的继续履行未提出异议或未提出终止本合同的，则本合同自动续延（或者本合同自动续延N年）。

B. 本合同期满后，自动续延（或者本合同自动续延N年）。

《劳动合同法》并未规定劳动合同的约定续延制度，而一些地区（如北京）的司法裁判规则认可了劳动合同约定的自动续延条款的效力，并对约定续延的系列问题予以明确。不过，基于避免和防范因适用劳动合同约定的自动续延条款而可能招致的相应法律风险，如何正确理解和适用劳动合同约定的自动续延条款仍是需进一步予以阐释的问题。

一、如何确定续延后的劳动合同期限和内容？

如上所述，劳动合同约定的自动续延条款对于续延期限存在两类不同的约定，一类系明确约定了具体期限，则自动续延后的劳动合同之期限按约定的续延期限予以认定；另一类系未约定或未明确约定具体的续延期限，则劳动合同按自动续延约定而实际自动续延后，一般视为双方续订了一份与原劳动合同期限和内容等相同的固定期限劳动合同。

二、劳动合同按约定而自动续延的，企业是否支付续延期间的双倍工资？

无论劳动合同中的自动续延条款是否明确约定了续延期限，劳动合同到期并发生按约定实际自动续延的（即劳动合同到期后员工继续在本企业工作，虽然形式上双方并未另行重新签订一份劳动合同或者未通过劳动合同续订书续订劳动合同等），但均视为双方另行续订了一份新的固定期限劳动合同。因此，既然双方已签订了劳动合同，则员工所主张的未签订劳动合同的双倍工资无法律依据和事实依据。

三、劳动合同自动续延的期限届满，企业如何处理？

如上所述，劳动合同按约定的自动续延条款实际续延的，视为双方另行续订了一份新的固定期限劳动合同，如果新的劳动合同到期，企业该如何处理呢？

首先，这种情况已符合签订无固定期限劳动合同的法定条件，大部分地区一般均明确员工有权选择是否续订固定期限劳动合同或者终止劳动合同，而企业无权选择是否续订固定期限劳动合同或者终止劳动合同（少部分地区另有规定的除外）。具体而言，我们认为可考虑如下情形而分别予以处理。

如员工提出或者同意续订、订立无固定期限劳动合同的，企业应当与劳动者订立无固定期限劳动合同。（存在可依法不与员工签订无固定期限合同之法定情形的除外。详见《劳动合同法》第十四条第二款第（三）项、第三十九条、第四十条第（一）项和第（二）项。）否则，一旦引发争议，企业除被确认与员工存在无固定期限劳动合同关系外，亦有可能因此承担相应的法律责任，如支付违法不与员工签订无固定期限劳动合同的双倍工资。

如果员工提出终止该新的劳动合同或提出不再续订劳动合同，则企业依法办理终止手续即可，但企业需有证据证明系员工原因导致劳动合同终止，否则，日后就终止劳动合同的经济补偿金等引发争议的，企业将可能因证据问题承受败诉风险。

需特别注意的是，企业虽提出与员工续订劳动合同，但降低或改变劳动合同的续订条件，进而导致员工提出终止该新的劳动合同的，其法律后果需具体问题具体分析，但有可能被认定为企业违法终止固定期限劳动合同。

经双方协商一致或者员工提出签订固定期限合同的，企业与员工续订固定期限劳动合同即可。

四、当约定续延与法定续延相遇时，如何适用？

固定期限劳动合同约定了自动续延条款，但该劳动合同到期时遇有法定续延的情形（如女员工正处于"三期"）时，则在事实上两种续延制度发生了"撞车"，在这种情况下是优先适用劳动合同的自动续延条款续延劳动合同，还是优先适用法定续延之法律规定续延劳动合同呢？

虽然两种续延制度均导致劳动合同的续延，但两者在本质上是不同的：前者属于原劳动合同范畴，后者属于新劳动合同范畴，即法定续延系法律法规将本应到期的固定期限合同的终止时间延长至法定续延情形消失之时，该续延期间本质上是原劳动合同期限的法定变更；而劳动合同约定的自动续延，是原劳动合同期限已到期，但基于双方在劳动合同中约定的自动续延条款致使一份新的劳动合同得以续订。

因此，如果固定期限劳动合同到期，但约定续延和法定续延情形并存的，适用哪种续延制度基本上可以得出如下判断：

第一，劳动合同到期，法定续延和约定续延"撞车"的，应先适用法定续延规定使劳动合同的期限延长至法定续延情形消失之日；法定续延情形消失之日的第二日起，劳动合同基于约定续延条款而续延（如企业在劳动合同到期日前书面通知员工法定续延情形消失时，企业将依法终止劳动合同，则即便法定续延情形消失，双方劳动合同亦可终止）。

第二，劳动合同到期时，无法确定续延情形，基于约定的自动续延条款导致新的劳动合同得以续订，且新的劳动合同期限届满时遇法定续延情形的，则该新的劳动合同应依法续延至相应法定续延情形消失时方可终止。

第三，基于约定的自动续延条款导致新的劳动合同续订，该新的劳动合同期限届满时，除因遇法定续延情形而依法续延外，如符合签订无固定期限合同条件的，可按上述"劳动合同自动续延的期限届满，企业如何处理"相关阐述处理。

第九章
无固定期限劳动合同

无固定期限劳动合同，是指用人单位与劳动者约定无确定终止时间的劳动合同。这里所说的无确定终止时间，是指劳动合同没有一个确切的终止时间，劳动合同的期限长短不能确定，但并不是没有终止时间。只要没有出现法律规定的条件或者双方约定的条件，双方当事人就要继续履行劳动合同规定的义务。一旦出现了法律规定的情形，无固定期限劳动合同也同样能够解除。

由于不少企业人力资源从业者缺乏对无固定期限劳动合同条款的正确认识，所以认为无固定期限劳动合同一经签订就不能解除。因此，很多劳动者把无固定期限劳动合同视为"护身符"，千方百计要与用人单位签订无固定期限劳动合同。另外，用人单位则将无固定期限劳动合同看成"终身包袱"，想方设法逃避签订无固定期限劳动合同的法律义务。那么无固定期限劳动合同可以解除吗，什么情况下可以解除呢？

9.1 有必要规避无固定期限劳动合同吗？

【实战案例 41】

某网络公司于 2010 年 6 月 6 日与小曹签订了为期 3 年的劳动合同，2013 年 6 月合同到期，双方续订劳动合同至 2016 年 6 月 5 日，2016 月 6 月 5 日合同又一次到期后，某网络公司为了不与小曹续订无固定期限合同，于是安排其子公司又与小曹签订了 3 年期的劳动合同，小曹继续在该网络公司工作。小曹经了解后，认为公司应该和其签订无固定期限劳动合同，双方发生争议。

【案例分析】

《劳动合同法》自颁布至今已经很多年了。现在一些企业仍没有和员工签订无固定期限劳动合同的习惯，还是签一个三年，又一个三年，三年又三年。甚至有的小企业，居然和劳动者一年一签合同，还美其名曰合同到期方便不续期……

《劳动合同法》第十四条规定："无固定期限劳动合同，是指用人单位与劳动者约定无确定终止时间的劳动合同。

用人单位与劳动者协商一致，可以订立无固定期限劳动合同。有下列情形之一，劳动者提出或者同意续订、订立劳动合同的，除劳动者提出订立固定期限劳动合同外，应当订立无固定期限劳动合同：

（一）劳动者在该用人单位连续工作满十年的；

（二）用人单位初次实行劳动合同制度或者国有企业改制重新订立劳动合同时，劳动者在该用人单位连续工作满十年且距法定退休年龄不足十年的；

（三）连续订立二次固定期限劳动合同，且劳动者没有本法第三十九条和第四十条第一项、第二项规定的情形，续订劳动合同的。

用人单位自用工之日起满一年不与劳动者订立书面劳动合同的，视为用人单位与劳动者已订立无固定期限劳动合同。"

无论如何规避签订无固定期限合同，基本上都是围绕固定期限劳动合同的连续签订次数或/和在本企业连续工龄满10年的问题进行的，最终都是达到不和员工签订无固定期限合同的目的，一般有以下四种操作方法。

（1）第一次和本企业签订，第二次和兄弟公司签订，第三次和子公司签订；不管合同和哪家公司签订，员工的工作地点、工作内容、福利、岗位等没有任何实质性变化。员工事实上仍是本企业员工。

（2）对于在本企业工作即将满10年的员工，通过各种方法使员工与企业解除或终止劳动合同后重新办理入职手续并签订劳动合同。

（3）第二次固定期限劳动合同到期前，或者员工在本企业工作即将满10年且双方固定期限劳动合同到期前，企业与员工协商将本应在近期即到期的劳动合同的终止时间变更为N年后的某个时间点。甚至很多公司劳动合同都不给员工发，到期了，直接和员工再签个合同，开始时间不变，结束时间又延后了。

（4）还有其他一些明显违反诚信和公平原则的规避行为，如轮换使用签订固定期限劳动合同和签订以完成一定工作任务为期限的劳动合同，以规避固定期限劳动合同的连续签订次数。

上面的方法看似可行，其实问题有很多，现在各地基本上明确企业存在规避《劳动合同法》第十四条规定的行为的，员工签订固定期限劳动合同的次数和工作年限仍应连续计算（北京即如此）。企业存在上述规避签订无固定期限劳动合同的情形下，如员工就签订无固定期限劳动合同问题与企业引发争议，企业则容易被认定违法不与员工签订无固定期限合同，进而导致被裁决按员工请求支付违法不予签订无固定期限合同的双倍工资，法律风险非常大。

【操作建议】

既然上述规避方法无法达到规避签订无固定期限劳动合同的目的，且企业需依法支付违法用工成本，所以我们认为企业规避签订无固定期限劳动合同，既不可取，亦无必要。

首先，2008年起，企业与员工即便连续签订了两次固定期限劳动合同，但员工存在《劳动合同法》第三十九条、第四十条第（一）项和第（二）项规定的情形，企业亦可不与其续订无固定期限劳动合同或者由企业办理第二次固定期限劳动合同的终止手续；此外，司法裁判中一般亦认为即便符合签订无固定期限劳动合同的条件，但基于双方协商一致而签订固定期限劳动合同的，亦不认定为企业违法，所以双方协商一致这种方式是可行的。

其次，无固定期限劳动合同也是可以解除的，并不是一旦和员工签订了无固定期限劳动合同就再也不能解除了，所以企业无须担忧。无固定期限劳动合同与固定期限劳动合同相比较而言，仅仅是双方不能约定劳动合同的终止时间，即无固定期限劳动合同不存在因期限届满而终止的情况。除此之外，无固定期限劳动合同的法定终止条件和解除条件、程序等与固定期限劳动合同并无本质区别，即无固定期限劳动合同遇有法定情形亦可依法终止和依法解除。比如，签订无固定期限劳动合同的员工严重违反企业规章制度、被依法追究责任等的，企业可以依据《劳动合同法》第三十九条规定而依法解除双方劳动合同且无须支付经济补偿金；经双方协商一致亦可解除已签订的无固定期限劳动合同；员工开始依法享受基本养老保险待遇的或者企业被撤销、被解散等的，劳动合同依法终止；等等。当然，如企业违反法律法规规定的条件和程序而解除或终止无固定期限劳动合同的，则属于违法解除或违法终止劳动合同，应按《劳动合同法》第四十八条规定承担相应的法律责任。

最后，从企业用工管理角度来说，无固定期限劳动合同无疑是一种低成本的留才方式，比如对于涉及商业秘密的岗位、熟练工种岗位、研发岗位、核心岗位等，企业与员工签订无固定期限劳动合同在很大程度上可以保证这些岗位人员的稳定性，进而保证企业利益实现的连续性等，这对于企业而言无疑是非常有利的。

所以，企业完全无须担心签订无固定期限劳动合同后对企业的约束，只要把相应的制度制定好了，无固定期限劳动合同只会对企业有利。

9.2　无固定期限劳动合同解除的条件有哪些？

【实战案例 42】

小李在一家高科技公司工作了很多年，已经从固定期限劳动合同转为无固定期限劳动合同。不久前，他因在工作期间违反单位规章制度，给公司造成了很大的损失，遭到了辞退。对此，小李觉得难以接受，他表示自己与单位签订了无固定期限劳动合同，怎么就能被辞退呢？

【案例分析】

无固定期限劳动合同，是指用人单位与劳动者约定无确定终止时间的劳动合同，不是不能解除。将无固定期限劳动合同与"不能解除"画上等号是一种误解。这里所说的无确定终止时间，是指劳动合同没有一个确切的终止时间，劳动合同的期限长短不能确定，但并不是没有终止时间。只要没有出现法律规定的条件或者双方约定的条件，双方当事人就要继续履行劳动合同规定的义务。一旦出现了法律规定的情形，无固定期限劳动合同也同样能够解除。

用人单位与劳动者解除无固定期限劳动合同有以下四种情形：

第一，协商解除，即用人单位与劳动者协商一致的。

第二，过失性辞退，即劳动者存在严重违反用人单位的规章制度、被依法追究刑事责任等过错的情形。上面案例中小李就是因为此种情况被解除无固定期限劳动合同的。

第三，预告解除，即劳动者有不能胜任工作，经过培训或者调整工作岗位，仍不能胜任工作等情形。

第四，经济性裁员，即用人单位存在生产经营发生严重困难等情形。

劳动者也可以主动与用人单位解除无固定期限劳动合同，除协商解除的方式外，还包括预告解除，即提前30日以书面形式通知用人单位予以解除；即时解除，也就是用人单位存在未及时足额支付劳动报酬或未依法为劳动者缴纳社会保险费等情形，劳动者可以随时解除。

无固定期限劳动合同是企业挽留人员的一种方式，表示企业对员工的忠诚度和能力的肯定。订立无固定期限的劳动合同，劳动者可以长期在一个单位或部门工作。这种合同适用于工作保密性强、技术复杂、工作又需要保持人员稳定的岗位。这种合同对于用人单位来说，有利于维护其经济利益，减少频繁更换关键岗位的关键人员而带来的损失。对于劳动者来说，也有利于实现长期稳定职业，深入钻研业务技术。当然，企业和劳动者签订无固定期限劳动合同，人才流动性也就相应降低了。

无固定期限劳动合同解除补偿：

若双方协商一致解除或者终止劳动合同，用人单位应当按照《劳动合同法》第四十七条的规定支付经济补偿金；若用人单位单方面解除或者终止劳动合同，用人单位是违法的，应当按照《劳动合同法》第八十七条的规定支付双倍赔偿金。

根据《劳动合同法》第四十七条规定，经济补偿按劳动者在本单位工作的年限，每满一年支付一个月工资的标准向劳动者支付。六个月以上不满一年的，按一年计算；不满六个月的，向劳动者支付半个月工资的经济补偿。

劳动者月工资高于用人单位所在直辖市、设区的市级人民政府公布的本地区上年度职工月平均工资三倍的，向其支付经济补偿的标准按职工月平均工资三倍的数额支付，向其支付经济补偿的年限最高不超过十二年。

本条所称月工资是指劳动者在劳动合同解除或者终止前十二个月的平均工资。

根据《劳动合同法》第八十七条规定，用人单位违反本法规定解除或者终止劳动合同的，应当依照本法第四十七条规定的经济补偿标准的二倍向劳动者支付赔偿金。

9.3 在特殊情况下，员工需要签订无固定期限劳动合同，企业可以拒绝吗？

【实战案例 43】

2004 年 4 月，陈小姐入职某科技公司，2008 年与公司又续签劳动合同，期限从 2009 年 1 月 1 日至 2013 年 12 月 31 日。2013 年 11 月，陈小姐怀孕，2013 年 12 月 31 日，陈小姐劳动合同期满，因陈小姐属于"三期"女职工，按照劳动合同法的规定，劳动合同不能终止，应当续延至法定情形消失时止，故陈小姐仍在公司继续工作。2014 年 5 月，陈小姐向公司提出，要求公司与其订立无固定期限劳动合同，公司拒绝，认为只是对陈小姐照顾，本来公司在 2013 年 12 月 31 日就可以终止劳动合同。双方因此发生劳动纠纷，陈小姐遂向当地劳动仲裁委申请仲裁，请求公司与其订立无固定期限劳动合同。

【案例分析】

仲裁委经审理认为，根据《劳动合同法》的相关规定，劳动者因怀孕而续延劳动合同，致使劳动者在同一用人单位连续工作满十年，劳动者提出与用人单位签订无固定期限劳动合同的，应予支持。本案中，陈小姐在劳动合同期满前怀孕，劳动合同期限应延长至相应情形终止时。陈小姐在劳动合同期限延长时，符合劳动合同法规定的订立无固定期限劳动合同的条件，此时，某科技公司应当与陈小姐订立无固定期限劳动合同。

根据《劳动合同法》第四十二条规定，女职工在孕期、产期、哺乳期，用人单位不得依照劳动合同法第四十条（无过失性辞退）和第四十一条（经济性裁员）解除劳动合同。

根据《劳动合同法》第四十五条规定，劳动合同期满，女职工在三期的，劳动合同应当续延至相应的情形消失时终止。本案中，陈小姐与科技公司的劳动合同期满时，其处于怀孕期，科技公司与陈小姐的劳动合同应当延长至相关情形终止。又因为陈小姐在怀孕期间，其在科技公司连续工作期限达10年以上，根据《劳动合同法》第十四条规定，劳动者在该单位连续工作满十年的，劳动者提出与该单位订立无固定期限劳动合同的，应当订立无固定期限劳动合同，故仲裁委裁决支持了陈小姐的仲裁请求。

第十章

特殊协议

用人单位和劳动者除了签订劳动合同以外，在履行劳动合同关系的过程中，很多企业，出于对企业核心技术、商业模式等的保护，还会就竞业限制、保密等事项和劳动者另行决定协议约定。对于竞业限制和保密协议，也有很多企业人力资源工作者不太了解，接下来，我们就了解一下竞业限制和保密协议到底如何进行约定。

10.1　竞业限制协议和谁签，何时签？

根据《劳动合同法》第二十四条第一款规定，竞业限制的人员限于用人单位员工，主要有以下三类：高级管理人员、高级技术人员、其他负有保密义务的人员。

高级管理人员为公司经理、副经理、财务负责人、上市公司董事会秘书和公司章程规定的其他人员。

高级技术人员为高级研究开发人员、技术人员、关键岗位的员工及容易接触到商业秘密的人员。

其他负有保密义务的人员。其他可能知悉企业商业秘密的人员，如市场销售人员、财会人员等。

对于竞业限制协议，法律上并没有规定什么时候签比较合适。由于竞业限制协议主要是为了约束员工离职后不与本单位发生竞业，所以就导致很多用人单位认为竞业限制协议是在劳动者离职时才能签订。

对于竞业限制协议的签订时间，有以下三个时间段可以选择：

入职时：对于一些刚入职签订劳动合同时就知道其会接触企业资源和商业优势，并在将来某一天离职后肯定会对企业的竞争优势产生重大影响的员工，可以在其入职时就与其协商签订竞业限制协议。

优势：如果其不愿意入职时签竞业限制协议，就可以直接考虑不招入公司，以免其离职时依旧不愿签订竞业限制协议而在离职以后的时间里与本单位发生竞业给单位造成损失（要知道，竞业限制协议是需要和劳动者协商签订的，而不是法律规定劳动者必须签订的）。

劣势：提前确定了需要在其离职后支付竞业限制经济补偿金。有可能当其离职时就已经不是单位所需要的人才，其掌握的资源和商业优势也不会给单位的竞争优势造成影响，这个时候如果还支付给其经济补偿对单位来说就是一种损失。

劳动关系存续期间：对于一些普通员工，随着工作职位的晋升，也可能会慢慢接触公司的资源和商业优势，为了防止其离职后与本单位发生竞业，可以考虑在劳动关系存续期间与其签订竞业限制协议。

优势：这个时候该员工对公司的资源和商业优势掌握得一般不会很多，如果这个时候与其签订竞业限制协议而其不愿签订，那么留给用人单位与其协商的时间以及可用的办法就相对多一点，比如可以采取延缓其晋升时间来与其协商签订竞业限制协议，以免其工作职位晋升之后掌握企业更多的资源和商业优势。

劣势：与入职时签订一样。

劳动合同解除或终止时：第三个签订的时间段就是员工离职时。

优势：可以比较清楚地知道该员工所掌握的本单位的资源和商业优势，可以选择是否还需要与其签订竞业限制协议，避免公司额外成本的支出。

劣势：因为竞业限制协议是需要双方协商一致签订的，而很可能离职员工不愿签订，这个时候就很难对其进行约束。

其实每个时间段签订竞业限制协议都有不同的优势和劣势，用人单位人力资源工作者一定要根据不同的岗位、不同的情况综合考虑，确定和谁、什么时间签订，一定要选择一个对自己比较有利的时间段与其签订竞业限制协议。

附件：

竞业限制协议

甲方：　　　　　　　　（以下简称公司）

乙方：　　　　　　　　（以下简称员工）

鉴于：

1. 员工在公司工作期间能够接触、掌握公司及其关联公司的商业秘密；

2. 员工理解并确认，员工离职后从事与公司有竞争业务的工作，将会严重损害公司及其关联公司的经济利益或使公司及其关联公司处于非常不利的竞争地位。

现双方根据中华人民共和国和公司所在地有关法律、法规，在自愿、平等、协商一致的基础上订立本协议，共同遵照执行。

第一条　竞业限制

1.1　竞业限制期限为员工与公司任何一方与对方终止或解除劳动合同（不论终止或解除的理由，亦不论终止或者解除是否有理由）之日起的（法定最长不超过24个月）内，员工不得自营或为他人经营与公司有竞争的业务。

1.2　负有竞业限制义务的员工不得在以下单位工作或任职：

1.2.1　与公司业务有竞争关系的单位；

1.2.2　与公司有业务竞争关系的单位在中华人民共和国及公司关联企业所在的其他任何地方直接或间接设立、参股、控股、实际控制的公司、企业、研发机构、咨询调查机构等经济组织；

1.2.3　其他与公司有竞争业务的单位。

1.3　负有竞业限制义务的员工不得进行下列行为：

1.3.1　与公司的客户发生商业接触。该种商业接触包括为其提供信息、提供服务、收取订单、直接或间接转移公司的业务的行为以及其他各种对公司的业务产生或有可能产生不利影响的行为，不论是否获得利益。

1.3.2　直接或间接在本协议第1.2条所列单位中拥有股份或利益、接受服务或获取利益。

1.3.3　员工本人或与他人合作直接参与生产、经营与公司有竞争关系的

第十章　特殊协议

同类产品或业务。

1.3.4　直接或间接引诱、要求、劝说、雇用或鼓励公司的其他员工离职，或试图引诱、要求、劝说、雇用、鼓励或带走公司的其他员工，不论何种理由或有无理由，不论是否为自身或任何其他人或组织的利益。不得以其个人名义或以任何第三方名义怂恿或诱使公司的任何员工在其他单位任职。

1.3.5　向与公司有竞争关系的单位直接或间接提供任何形式的咨询服务、合作或劳务。

1.4　不论员工因何种原因离开公司，员工均应在进入新用人单位就职前向公司书面说明新用人单位的名称、性质和主营业务。

第二条　义务的履行和解除

2.1　员工在离开公司时即承担竞业限制义务，但公司可在员工离职前或离职后通过书面通知的形式解除员工的竞业限制义务；本协议所约定的竞业限制义务自上述通知指定之日起解除，同时公司将不再支付竞业限制补偿金。

2.2　在员工完全履行竞业限制义务的情况下，公司未按本协议约定支付竞业限制补偿金超过三个月的，员工可以依法解除竞业限制协议。双方如因竞业限制补偿金发生争议的，在争议解决期间，员工继续履行竞业限制义务。

第三条　竞业限制经济补偿

3.1　负有竞业限制义务的员工，不论在任何情况下与公司终止或者解除劳动关系，在竞业限制期间，员工均应严格遵守本协议有关竞业限制的规定，公司则向员工支付竞业限制补偿金。

3.2　竞业限制补偿金为员工离职前月平均工资的（法定要求不低于劳动合同解除或者终止前十二个月平均工资的30%），公司按月支付，并代扣代缴个人所得税。

3.3　员工应当在每季第一个月以亲自送达或挂号邮寄的方式向公司提供履行竞业限制义务的证明，该证明包括但不限于其所就职单位的证明以及员工作出的保证履行竞业限制义务的书面承诺。

3.4　员工应在离职前向公司书面提供其本人的银行账户用于公司支付竞业限制补偿金，员工未提供账户、提供账户错误、账户注销等各种原因导致公司无法支付该等竞业限制补偿金的，因此造成的损失由员工自行承担，且在此期间不免除员工的竞业限制义务。

3.5 员工拒绝接受、自行放弃、不领取竞业限制补偿金，或因员工原因导致公司无法正常发放竞业限制补偿金的，因此造成的损失由员工自行承担，且不免除员工的竞业限制义务。

3.6 若本合同约定的竞业限制补偿金标准低于公司所在地政府强制性规定的最低标准，则公司在竞业限制期限届满前予以补足到最低标准，在此之前，员工仍应履行竞业限制的义务。

第四条 违约责任

4.1 如员工违反本协议约定，公司将停止支付竞业限制补偿金，并有权利要求员工纠正违约行为。

4.2 负有竞业限制义务的员工如违反本协议，应当一次性向公司支付违约金，违约金为____元。本协议第 3.2 条约定的竞业限制补偿金总额的____倍。如违约金不足以弥补公司实际损失的，公司还有权要求员工按照实际损失向公司承担赔偿责任。

4.3 员工依照本协议约定承担赔偿损失和其他民事责任后，公司仍保留提请司法途径追究员工刑事及行政责任的权利。

第五条 争议处理

公司与员工双方在本协议履行过程中发生争议的，如果协商解决不成，任何一方可以提请公司注册登记地的劳动争议仲裁委员会裁决。

第六条 损失 包括但不限于以下：

6.1 公司由于员工违反竞业限制的行为所遭受的直接和间接的损失；

6.2 公司为了调查、处理、纠正员工违反竞业限制的行为所付出的经济损失，包括但不限于律师费、诉讼费、评估费、调查取证费等。

第七条 适用法律

7.1 本协议的订立、生效、解释、执行及争议解决适用中华人民共和国法律。

7.2 国家和地方颁布新的法律法规或者修改现行法律法规时，如果按照法律法规规定，本协议适用新的法律法规的，则本合同内容与新的法律法规抵触之处，按照新的法律法规执行。

第八条　其他

8.1　本协议各条款的标题仅为参照方便而设，并不限制或从其他角度影响本协议条款的含义和诠释；对本协议条款的修改须经双方协商一致并以书面形式确认。

8.2　本协议是甲乙双方签署的劳动合同（合同编制：_____）的重要组成部分，劳动合同终止或解除后，本协议继续有效。

8.3　双方确认，在签署本协议前已仔细审阅过本协议的内容，完全了解本协议各条款的法律含义，并同意遵守执行。

8.4　本协议一式两份，双方各持一份，经双方签字盖章后生效，每份协议具有同等的法律效力。

甲方（盖章）　　　　　乙方（签字）
代表人：　　　　　　　身份证号：
签约日期：
签约地点：

10.2　竞业限制协议的有效性

【实战案例 44】

宋某与某咨询公司于 2015 年 5 月签订了期限为 3 年的劳动合同，合同约定宋某从事咨询顾问工作，年薪不低于 20 万元。同时双方又签订《竞业限制协议》一份，协议约定"宋某不论因何种原因从公司离职，离职后一年内都不得到与本公司有竞争关系的单位就职，合同中清晰列举出有竞争关系的单位，同时双方还约定宋某在与公司正式办理完解除劳动合同手续之日起 15 日内，公司向宋某发放竞业限制补偿金，补偿金标准为宋某上一年度月平均工资报酬的 20%，未满一年的按当年工资报酬折算，由公司按月发放给宋某，并且约定宋某如果不履行竞业限制义务，应当承担违约责任，违约金为 10 万元"。

2017年3月，宋某向公司提交辞职报告，称自己不适应该公司工作环境，要求辞职。公司同意了宋某的辞职请求，7月底双方办理完交接手续后，公司向宋某出具了解除劳动关系证明，并向其支付当月的竞业限制补偿费（按宋某实际领取的月工资的20%计算），之后按月将补偿费打入宋某银行账户，后来宋某去竞争对手公司应聘并被录用，继续从事咨询顾问工作。公司在取得相关证据后，即向劳动仲裁部门申请仲裁，要求宋某支付违约金10万元。

【案例分析】

《劳动合同法》中对竞业限制有明确的条款，根据第二十三条规定，用人单位与劳动者可以在劳动合同中约定保守用人单位的商业秘密和与知识产权相关的保密事项。对负有保密义务的劳动者，用人单位可以在劳动合同或者保密协议中与劳动者约定竞业限制条款，并约定在解除或者终止劳动合同后，在竞业限制期限内按月给予劳动者经济补偿。劳动者违反竞业限制约定的，应当按照约定向用人单位支付违约金。根据第二十四条规定，竞业限制的人员限于用人单位的高级管理人员、高级技术人员和其他负有保密义务的人员。竞业限制的范围、地域、期限由用人单位与劳动者约定，竞业限制的约定不得违反法律、法规的规定。在解除或者终止劳动合同后，前款规定的人员到与本单位生产或者经营同类产品、从事同类业务的有竞争关系的其他用人单位，或者自己开业生产或者经营同类产品、从事同类业务的竞业限制期限，不得超过二年。

竞业限制协议是否有效，关键在于竞业限制期间用人单位是否按月向劳动者支付经济补偿金。在实践中，争议较多的是补偿金的"标准"问题，即用人单位支付给劳动者的经济补偿金与劳动者在该单位正常工作期间获得的劳动报酬相比明显过低时，竞业限制协议是否有效。

在本案例中，企业和宋某签订了竞业限制协议，从主体上看，宋某虽然不属于高级管理人员，但咨询公司本身是知识密集型企业，宋某对公司的咨询模式、咨询体系必然相当了解，主体上符合"其他保密人员"；从协议内容上看，双方也约定了按月支付竞业限制协议费用，企业也按时支付了费用；从标准上看，给付的是宋某月度平均工资的20%，相对来说也基本合理，所以单位要求宋某支付违约金，完全有法可依。

【操作建议】

在企业中，人力资源从业人员千万不要随意和任何人都签订竞业限制协议，如果要签订，一定要从签订主体、支付时间、补偿标准等几方面将协议条款进行明确，否则很容易产生法律纠纷。

10.3 企业提前解除竞业限制协议，需额外支付补偿金吗？

【实战案例45】

李某于2005年7月5日入职某云公司，从事数据采集工作，离职前上一年度工资总额为98299.89元。双方签订的最后一份劳动合同期限为2010年3月1日至2015年2月28日，其中第四十四条约定，李某离职后2年内不得入职其他存在竞争关系的企业，某云公司每月向李某支付竞业限制补偿金，竞业限制补偿金的年支付额为李某离职时上一年度工资总额的50%；同时约定如果某云公司不履行本协议承诺的义务，拒绝（延迟）向李某支付竞业限制补偿金达到一个月的，双方竞业限制协议自行终止。双方劳动合同于2015年2月28日到期终止，某云公司未向李某支付竞业限制补偿金。李某通过诉讼程序要求某云公司支付竞业限制补偿金96000元。

在案件审理过程中，某云公司主张李某离职时已口头告知其无须履行竞业限制协议，但未就此提交相应证据，李某亦对此不予认可。李某另主张，如法院认定其与某云公司竞业限制约定未解除或终止，则要求某云公司额外支付其3个月竞业限制补偿金。

【案例分析】

法院经审理后认为，某云公司主张曾告知李某无须履行竞业限制约定，但未就此提交相应证据，李某亦对此不予认可，故法院对某云公司的主张未予采信。鉴于双方劳动合同中已明确约定某云公司不履行本协议承诺的义务，拒绝向李某支付竞业限制补偿金达一个月的，协议自行终止，因此确认双方关于竞业限制的约定于 2015 年 3 月 31 日自行终止。某云公司应当向李某支付协议终止前 1 个月的竞业限制补偿金及额外 3 个月竞业限制补偿金共计 16383.32 元。

根据《最高人民法院关于审理劳动争议案件适用法律若干问题的解释（四）》（已失效）第九条[①]规定，在竞业限制期限内，用人单位请求解除竞业限制协议时，人民法院应予支持。在解除竞业限制协议时，劳动者请求用人单位额外支付劳动者三个月的竞业限制经济补偿金的，人民法院应予支持。需要指出的是，用人单位在竞业限制期内解除竞业限制协议的，应额外支付劳动者三个月竞业限制经济补偿金。如果用人单位与劳动者解除劳动合同之时已告知劳动者无须履行竞业限制义务的，则无须支付劳动者竞业限制补偿金或额外三个月的竞业限制补偿金。

【操作建议】

用人单位想和劳动者解除竞业限制协议，关键就在于欲解除竞业限制协议的时点是在解除劳动合同时，还是在劳动者履行竞业限制协议时，如果是在解除劳动合同的时候通知劳动者解除竞业限制协议，一定要保留相应证据，如书面通知，并由劳动者签字确认。

10.4 企业支付竞业限制补偿金如何掌握支付时间？

【实战案例 46】

A 仪器公司，其研发的某类测试仪器属于国内同类产品中的高端产品，市场竞争力非常强大。缘由在于 A 公司拥有该类仪器的核心技术，因此该核心技术也成为 A 公司的顶级商业秘密。A 公司不但采取了一系列保密措施，

---

① 现参见《最高人民法院关于审理劳动争议案件适用法律问题的解释（一）》（2021 年 1 月 1 日施行）第三十九条。

第十章　特殊协议

且与接触或可能接触该核心技术的员工均签署保密协议和竞业限制协议，涉及公司总裁办、研发部、制造部、售后技术部、销售部等十余个部门的员工。A公司每月按竞业限制协议约定向离职后承担竞业限制义务的员工支付竞业限制补偿金10000—25000元。后有部分在职员工提出，虽然公司的工资待遇等很丰厚，但目前生活压力（如购房还贷）很大，如果企业能在员工在职期内支付竞业限制补偿金，将会很大程度上缓解员工的生活压力等。经公司高层讨论并征求了工会意见后，对于已签订竞业限制协议的在职员工，每月另行支付10000—25000元。

2015年11月，研发部某工程师从A公司离职后，入职国内另一家与A公司存在竞争关系的B仪器公司。直至2016年4月，A公司在一次产品订货会上才知晓该工程师已到B公司工作4个月左右，于是，A公司以已向该工程师支付竞业限制补偿金为由愤而申请仲裁，要求该工程师履行竞业限制协议并承担违约责任（注：A公司申请劳动仲裁前收到该工程师解除竞业限制协议的书面通知）。但此案最后以A公司的败诉而告终。

【案例分析】

竞业限制，是企业保护其商业秘密的一种措施，根据《劳动合同法》第二十三条第二款规定，对负有保密义务的劳动者，用人单位可以在劳动合同或者保密协议中与劳动者约定竞业限制条款，并约定在解除或者终止劳动合同后，在竞业限制期限内按月给予劳动者经济补偿。劳动者违反竞业限制约定的，应当按照约定向用人单位支付违约金。

因此，与员工承担保密义务不同，员工履行竞业限制义务须由企业与员工通过竞业限制协议予以明确，并由企业按约定支付竞业限制补偿金。否则，已离职员工可以解除双方竞业限制协议。

本案中，A公司已向员工支付了竞业限制补偿金，那么员工离职后就应当按约定依法履行竞业限制义务，但A公司为何败诉呢？主要是因为A公司履行竞业限制补偿金的支付义务不当。《劳动合同法》已明确规定了竞业限制补偿金的支付时间——员工离职后由企业按月支付。但A公司基于缓解员工的生活压力，一是在员工离职前即支付了这笔费用；二是未明确也无证据证明这笔费用的性质是什么。

如果 A 公司在采纳员工提前支付竞业限制补偿金意见的同时，变更双方竞业限制协议关于补偿金支付时间的约定，并明确或/和有证据证明向在职期间员工另行支付的费用系补偿金，本案的裁决结果是否正好相反？虽然实践中已有过类似支持企业主张的判例，但也仅仅是个案而已，不具有普遍适用性。

笔者认为，企业在向员工支付竞业限制补偿金时，一是特别注意竞业限制补偿金的支付时间：员工离职后，即双方劳动合同终止或解除后；二是按月支付；三是有证据证明已支付补偿金。这要求企业做到以下三点：第一，与员工特别明确收取补偿金的方式，比如银行转账方式或网银转账方式，且明确一旦员工银行账号发生变化，须于银行账号变化之日起的若干天内书面通知企业；同时企业应尽可能地联系员工并要求员工提供新的收款途径，注意保存已合理催告员工的相关证据。第二，必要时，可在竞业限制协议中明确补偿金支付的"其他途径"，如约定向第三方支付。第三，结合《民法典》关于债务履行的规定，企业可以将补偿金向提存机构办理提存，视为企业已按双方约定向员工支付了竞业限制补偿金。如此一来，则就竞业限制补偿金的支付问题而产生的可能性法律风险，企业即可在一定程度上得以规避。

10.5　签订保密协议必须支付保密费吗？

员工保密协议，是指用人单位针对知悉企业商业秘密的劳动者签订的要求劳动者保守用人单位商业秘密和与知识产权相关的保密事项的协议。一般包括对商业秘密保密和竞业协议两部分。竞业限制协议上面已经讲过，此处就不再赘述。根据《反不正当竞争法》第九条第四款的规定，商业秘密是指不为公众所知悉、具有商业价值并经权利人采取相应保密措施的技术信息、经营信息等商业信息。劳动者履行对商业秘密保密义务的期限较长，只要商业秘密存在，劳动者的保密义务就存在。

【实战案例 47】

陈某于 2014 年 12 月在某互联网公司担任研发部工程师，入职时即与公司签订了保密协议，保密协议中约定：无论陈某是否在公司工作，除非公司同意或者公司商业秘密信息进入公知领域，陈某对公司商业秘密承担保密义务或保密责任。2016 年 8 月陈某从公司离职时，向公司提出：按照劳动合同法的规定，公司应支付保密费，否则将不承担保密义务。

【案例分析】

商业秘密，是指不为公众所知悉、具有商业价值并经权利人采取相应保密措施的技术信息、经营信息等商业信息。一般包括两大类，一是技术秘密，如技术方案、方法、技巧、产品秘方、技术情报和资料等；二是经营秘密，如技术转让、质量控制策略、供货渠道、市场信息、经营手段等。

员工对企业商业秘密承担保密义务是法定义务，亦是员工基于劳动合同而对企业产生的忠诚义务。保密义务的承担和履行，必须排除两个误区：一是未签订保密协议，员工无须履行保密义务；二是企业未支付保密费，员工无须履行保密义务。换言之，即便企业与员工未签订保密义务或者未支付保密费，员工对于企业的技术性信息以及商业秘密等也不能因此而拒绝承担保密义务，否则，员工侵犯企业商业秘密的，则将可能对企业承担赔偿责任；构成犯罪的，亦可能被追究刑事责任。

本案中，陈某的主张恰恰混淆了承担保密义务和履行竞业限制义务的区别。员工承担竞业限制义务，需以双方签订竞业限制协议或条款为前提，且企业应按双方约定的标准支付竞业限制补偿金。否则，针对已履行竞业限制义务的期间，员工可以要求企业依法或依约定支付竞业限制补偿金；如因企业责任导致三个月未向离职员工支付竞业限制补偿金的，员工有权解除竞业限制协议。

而保密费是否支付，则由双方保密协议予以约定，即企业与员工签订的保密协议中明确约定了企业应向员工支付保密费，则企业应当按约定支付保密费。但即便如此，员工按约定获取保密费和承担保密义务仍是两个不同的问题，前者不能成为后者的必要前提。因此，本案中，陈某应对企业承担保密义务；且既然双方保密协议未约定保密费，则陈某要求企业支付保密费，无法律依据。

【操作建议】

为了更好地保护公司的技术信息及商业秘密等机密信息，员工入职时，企业非常有必要与员工签订保密协议，不要为了贪图省事，觉得不签订保密协议，员工也要保密，就省去这个手续，否则后续也容易造成"秘密不清晰"的纠纷。那保密协议包括哪些内容呢？

一、明确保密信息范围

用人单位在约定保密内容时，务必把需要保密的对象、范围、内容和期限等明确下来，最好通过列举的方式列明所有需要保密的内容，否则很容易因约定不明引发诉讼纠纷。不同的企业和同一企业的不同时期，保密范围、内容也有所变化，用人单位应及时修改保密协议内容。

二、明确保密主体

商业秘密的保密主体一般仅限于涉密岗位的劳动者，对于保密岗位和技术岗位，要求其不得披露、赠与、转让、销毁或者协助第三人侵犯公司的商业秘密。除上述涉密岗位外，不承担保密义务的劳动者在工作中有意或无意获悉公司秘密时，也应该列入保密主体的范围，承担保密责任。此外，那些掌握了商业秘密的劳动者家属、朋友，对保守商业秘密也应该负有同等义务。

三、约定保密期限

保密协议中应明确约定保密期限，虽然法律规定劳动者保守秘密的义务不因劳动合同的解除、终止而免除，但由于商业秘密存在过期、被公开或被淘汰的情况，因此最好还是约定保密义务的起止时间，以免引起不必要的纠纷。

四、明确双方的权利、义务

在保密协议中应明确约定如何使用商业秘密、涉及商业秘密的职务成果的归属、涉密文件的保存与销毁方式等内容，有特殊条款的还应以列举方式进行约定。

附件：

保密协议

甲方：

法定代表人：

地址： 邮编：

电话： 传真：

乙方：

身份证号码： 出生日期： 年 月 日

户口所在地：

通信地址：

邮政编码： 电话：

鉴于： 甲方为乙方提供必要的物质、技术、信息条件，乙方可能或必然持有甲方商业秘密（含技术秘密，下同），根据劳动法等法律规定及双方签订的《劳动合同书》相关约定，甲、乙双方经协商同意，就乙方保守甲方商业秘密的有关事宜，达成协议如下：

一、定义和解释

第一条 除非本协议另有定义，本协议所称商业秘密，是指不为公众所知悉、具有商业价值并经权利人采取相应保密措施的技术信息和经营信息。

技术信息包括但不限于：技术方案、软件设计（含源代码、脚本等）、数据库、编程方法、编写流程、外购部件及产品来源、制造产商及其价格、技术指标、软件技术文档、固件（FIRMWARE）、数据库、研究开发记录、技术报告、检测报告、实验数据、试验结果、设计图纸、产品、样机、模具、演示模型（DEMO）、工作手册（报告、操作手册）、技术文档、相关的函电等。

经营信息包括但不限于：客户名单、合同、意向书、备忘录、行销计划、采购资料、运营管理资料、定价政策、财务资料报表、商业合作渠道、法律事务信息、人力资源信息、企业管理模式、企业管理诀窍及一切被外界或竞争对手认为有价值的有形形式或无形形式的信息等。

本协议所称甲方商业秘密，指属于甲方的上述技术信息和经营信息。此外，符合下列情形之一，亦属于本协议所称的甲方商业秘密：

（1）甲方负有保密义务的属于第三方所有的商业秘密；

（2）甲方依法知悉、获取、了解或掌握的第三方的商业秘密；

（3）依据法律法规而确定的甲方其他商业秘密。

第二条 本协议所指任职期间，以乙方从甲方领取工资为标志，并以该项工资所代表的工作期间为任职期间。任职期间包括乙方在甲方正常工作时间以及加班及休假的时间，而无论乙方工作、加班的地点或场所是否位于甲方办公场所或经营场所内。

第三条 本协议所指离职，以甲、乙双方签署的劳动合同所约定的任职期限届满或以双方劳动合同的解除时间为准。乙方拒绝领取工资且停止履行职务的行为亦视为提出离职。除本条已有约定外，"离职"按国家及北京市相关法律规定予以判断。

二、知识产权

第四条 乙方在甲方任职期间因履行职务或利用甲方物质技术条件、业务信息等产生的商业秘密，形成的或可能形成的知识产权的申请权归属甲方。乙方有义务按甲方的要求，提供一切必要的信息和采取必要的行动，配合或协助甲方申请、取得、享有和行使知识产权。

就上述商业秘密所形成或可能形成的知识产权中的申请奖励权、署名权（依照法律规定应由甲方署名的除外）等精神权利由作为发明人、创造人或开发者的乙方享有，甲方尊重乙方的精神权利，并协助乙方实现和行使权利。

第五条 乙方在甲方任职期间或离职后的两年内所完成的与甲方业务相关的技术成果，乙方对该技术成果申请知识产权时，应首先向甲方申明。

经甲方核实该技术成果确属非职务成果，且不对甲方商业秘密构成侵害的，乙方可以申请并取得对该技术成果的相关知识产权。在此情形下，甲方不得未经乙方明确授权，使用此技术成果进行生产或经营，亦不得自行向第三方转让。但甲方对该成果权属有异议的，可以协商解决或通过法律途径解决。

乙方未向甲方申明的，推定该技术成果是归属甲方的职务成果，知识产权归属甲方。即使日后证明该技术成果实际上是非职务成果，乙方亦不得要求甲方承担任何法律责任。

本条所指技术成果包括但不限于发明创造、计算机软件等以及本协议第一条约定的经营信息和技术信息。

三、保密条款

第六条 乙方在甲方任职期间，必须遵守甲方关于保密的规章制度，履行与其工作岗位相应的保密职责。

甲方关于保密的规章制度无规定或者规定不明确时，乙方亦应本着谨慎、诚实的态度，采取必要的合理措施，切合实际地保守甲方商业秘密。

第七条 乙方不得以盗窃、利诱、胁迫或者其他不正当手段获取甲方商业秘密，不得披露、泄露、使用、转让或允许任何第三方使用通过上述不正当手段获取的甲方商业秘密。

甲方同意或授权乙方知悉的甲方商业秘密，无论是否基于履行职务，未经甲方书面同意，乙方不得以任何方式向第三方泄露、披露、转让、允许使用等。

本条所称第三方，指除甲、乙双方之外的任何第三方，以及按甲方关于保密的规章制度规定而不应知悉或禁止知悉甲方商业秘密的甲方员工。

第八条 不论乙方基于何种原因离职，乙方在离职后，对其在甲方任职期间所接触、知悉、了解或获取的甲方商业秘密，仍按本协议的约定及相关法律规定承担保密义务，且未经甲方同意，不得擅自使用。

第九条 乙方因履行职务或因甲方授权而持有或保管的一切载有甲方秘密信息的文件、材料、图表、笔记、报告、信件、传真、磁带、磁盘、仪器等任何形式的载体，均归甲方所有，而无论这些秘密信息有无商业价值。

如上述载体是由乙方自备的，则视为乙方同意将该载体的所有权转让给甲方。

第十条 乙方应于离职前或者于甲方提出请求时，向甲方返还载有甲方秘密信息的一切载体。

如果秘密信息是可以从载体上复制、消除的，乙方应当在向甲方载体复制的同时，把原载体上的秘密信息消除。此种情况下，乙方无须将载体返还。

第十一条　乙方在甲方任职期间履行职务时，不得擅自使用属于任何第三方的商业秘密，不得实施侵犯或可能侵犯第三方知识产权的行为，如因此导致甲方受到第三方侵权指控的，乙方应承担甲方因此产生的损失，包括但不限于应诉费用和侵权赔偿费用等。

第十二条　乙方在甲方任职期间违反本协议第六条、第七条、第十一条约定的，甲方有权立即解除与乙方签订的劳动合同书等。

四、赔偿责任

第十三条　乙方违反本协议的相关约定或者违反关于保密的法律规定，应一次性向甲方支付违约金，违约金的数额为甲方应向乙方支付月平均工资金额的三倍，并且，对甲方造成的损失，应当按《中华人民共和国反不正当竞争法》第二十条规定赔偿甲方损失，包括直接损失和间接损失。

五、其他约定

第十四条　因本协议的履行而引发的争议，由双方协商解决或者任何一方可直接通过法律途径解决。

第十五条　本协议作为双方签订的《劳动合同》的附件，如劳动合同书的相关约定与本协议不一致的，则以本协议的约定为准。

第十六条　本协议自双方签字或盖章之日起生效。

第十七条　乙方明确：在签署本协议时，已知晓本协议已由甲方加盖骑缝章，以示本协议文本各页均为本协议的组成部分。

第十八条　本协议一式两份，双方各执一份，均具有同等法律效力。

甲方：　　　　　　　　　　　　乙方（签字）：

（章）

法定代表人或委托代理人（签字或盖章）：

签订日期：　　年　　月　　日　　签订日期：　　年　　月　　日

10.6　关于培训协议期限和劳动合同期限的问题

【实战案例 48】

2015 年 9 月，某 IT 公司招聘张某担任技术部工程师，后公司选送张某到外部机构培训前，双方于 2016 年 5 月签订《培训协议》，约定：张某培训结束后应当在公司服务 3 年，自培训结束之日开始计算。如张某在服务期届满前即离职的，则按未服务期限与服务期的比例承担违约责任。

2016 年 7 月底，张某 2 个月培训结束后回公司工作，后张某认为自己经过在外部机构的培训，技术能力和业务水平等已提升一大截，在薪酬调整问题与公司沟通无果后，张某就想跳槽，后张某仔细研究培训协议，觉得自己主动辞职，必然要承担巨额培训费用，而让公司辞退自己，是一个比较好的方法，为了让公司辞退自己，张某开始旷工、迟到、早退，并故意犯错，不完成任务等，公司多次警告未果后，于 2015 年 12 月底以张某严重违反企业规章制度为由解除与张某的劳动合同，并要求张某按双方培训合同约定承担违约金合计人民币 10 余万元。张某认为系企业主动解除劳动合同，并非自己不履行培训协议，不应承担培训违约金。

【案例分析】

根据《劳动合同法》第二十二条第一款、第二款规定，企业为员工提供专项培训费用，对其进行专业技术培训的，双方可以约定服务期。如员工违反服务期约定的，应当按照约定向企业支付违约金，违约金的数额不得超过企业提供的培训费用，并且不得超过服务期尚未履行部分所应分摊的培训费用。

员工在服务期届满前主动提出辞职的，属于违反服务期约定，须依法按双方约定向企业承担服务期违约责任。

张某的行为表面看起来可行，"我又不是不履行培训协议，是你公司要主动辞退我的，我当然不承担责任了"。实践中，员工基于不承担服务期违约金的目的，想方设法地故意违纪，逼迫企业与其解除劳动合同，并认为自己是被动解除劳动合同，因此就无须承担服务期违约金的情况并不少见。

根据《劳动合同法实施条例》第二十六条规定，因员工违法违纪等而导致企业解除劳动合同的，与企业已签订培训协议的员工，仍得按双方约定向企业承担服务期违约责任。换言之，有下列情形之一，用人单位解除劳动者劳动合同的，劳动者应当按照劳动合同的约定向用人单位支付违约金：劳动者严重违反用人单位的规章制度的；劳动者严重失职，营私舞弊，给用人单位造成重大损害的；劳动者同时与其他用人单位建立劳动关系，对完成本单位的工作任务造成严重影响，或者经用人单位提出，拒不改正的；劳动者以欺诈、胁迫的手段或者乘人之危，使用人单位在违背真实意思的情况下订立或者变更劳动合同的；劳动者被依法追究刑事责任的。

在本案中，张某虽然是被公司辞退的，但其规避培训服务期违约金的目的显然无法达成，仍然需要承担违约责任。

【操作建议】

培训服务期的约定，是少数可以一定程度上限制劳动者离职的方式。但是，实践中有很多企业对于服务期的约定不规范，导致相关权利无法得到主张。那么如何理解服务期，什么样的服务期约定才算是有效的约定呢？

一、什么是服务期，如何界定服务期？

（一）服务期的含义

根据《劳动合同法》第二十二条规定，服务期是指在用人单位为劳动者提供专项培训费用，对其进行专业技术培训后，用人单位与劳动者约定的劳动者必须为用人单位提供服务的期限。

服务期以当事人双方之间存在劳动关系为前提，但是服务期不同于劳动合同期限。相对于劳动合同期限，双方当事人不得随意约定服务期，只有满足法定情形时，才可以约定，而且劳动者一旦与用人单位约定了服务期，就必须严格遵守，服务期尚未届满，劳动者解除劳动合同，或者用人单位因劳动者的过错而解除劳动合同的，劳动者必须按照约定支付违约金或者承担赔偿责任。

（二）服务期的约定条件

根据《劳动合同法》规定，约定服务期必须符合以下两个条件：一是用人单位为劳动者承担了专业技术培训费用；二是对劳动者进行的是专业技术培训。同时符合这两个条件才可以约定服务期：

1.用人单位支付专业技术培训费用。

根据《劳动合同法实施条例》第十六条规定，劳动合同法第二十二条第二款规定的培训费用，包括用人单位为了对劳动者进行专业技术培训而支付的有凭证的培训费用、培训期间的差旅费用以及因培训产生的用于该劳动者的其他直接费用。使用非专项培训费用，如在工资总额中提取的职工教育经费，不能成为约定服务期的前提条件。所以，培训费是由用人单位提供的，而且必须是专业技术培训费用。根据《就业促进法》规定，企业应当按照有关规定提取职工教育经费，对劳动者进行职业技能培训和继续教育培训。国家规定职工的职业教育经费按全体员工工资总额的 1.5% 提取。劳动者有接受职业技能培训的权利。用人单位如果是用计提的职业培训经费，而不是用专项培训费用为劳动者提供培训，是不能给劳动者设服务期的。但是在司法实践中，关于培训费用的性质这一点是很难区分的，一般只要用人单位能够举证证明支付了培训费用，基本上都会得到支持。

2.用人单位对劳动者进行的是专业技术培训。

《劳动合同法》第二十二条规定的专业技术培训，是指为提高某个劳动者特定技能而进行的有针对性的培训，必须是专业技术培训，不属于用人单位基于履行法定义务而对劳动者进行的培训。这种培训不包括用人单位使用按国家规定提取的职业培训经费，对劳动者进行的一般性的培训（如上岗和转岗培训、各类岗位适应性培训、安全生产培训等）。

关于专项培训，一般来讲，用人单位应当委托具有培训和教育资格的第三方单位进行培训，并且有第三方出具的关于用人单位为劳动者参加培训出资的货币支付凭证，而对数额的认定，则要由仲裁庭和法官根据当地的实际情况自由裁量。

下面这些种类的培训，需用人单位承担培训费用时，司法实践中一般认定为"专业技术培训":(1)学历教育;(2)委托全日制大中专院校、科研院校、培训中心、职业学校代培;(3)旨在提升劳动者能力的培训,如外语培训、专业技术职称(晋级)培训、劳动技能培训等;(4)出国或异地培训、进修、研修、做访问学者等。

(三)控制签约时间,明确约定服务期

服务期不是法律强制性规定,而是许可性规定。即法律授权用人单位可以与劳动者约定服务期,也可以不约定服务期。如果约定服务期,所约定的服务期可以得到法律的保护。如果单位没有与劳动者约定服务期,即使用人单位为劳动者提供专项培训费用,对其进行专业技术培训,劳动者接受培训之后立即离职,用人单位也无法追究劳动者的违约赔偿责任。

因而,如果用人单位觉得有必要与员工约定服务期,那么应当及时与员工签订服务期协议。何谓及时?服务期协议应当在专项技术培训开始前签订。否则,如果培训已经开始而劳动者不同意签署服务期协议,企业将很难要求劳动者赔偿此前已经支出的培训费用。

(四)服务期期限的约定

1. 服务期长度的确定。

有关服务期期限的长短,即多长时间、花费多少的培训可以约定多长的服务期,法律对此并没有作出规定,由用人单位与劳动者协商确定。但是这并不意味着用人单位可以随意约定很长的服务期,需综合考虑所提供专业技术培训的时间长短、费用多少后确定,如果约定显失公平,还是得不到法律支持的。在实践中,3—5年的服务期比较常见,服务期期限不受劳动合同期限的限制,可以长于劳动合同期限,也可以等同于劳动合同期限,还可以短于劳动合同期限。在实务操作中,为了更好地维护用人单位的利益,建议约定服务期长于劳动合同期限。

2. 服务期的起算点确定。

有关服务期的起算点,法律并没有作强制性规定,一般而言,实践中比较常见的做法是选择"培训完成之日"。建议避免选择"劳动合同到期之日起",以免劳动者直接在服务期未开始时就提出解除劳动合同(需要在服务期协议中约定培训费用的承担)。

3. 服务期超过劳动合同期限的处理。

《劳动合同法实施条例》第十七条规定:"劳动合同期满,但是用人单位与劳动者依照劳动合同法第二十二条的规定约定的服务期尚未到期的,劳动合同应当续延至服务期满;双方另有约定的,从其约定。"

劳动合同期满,服务期尚未到期的,即使双方不续订劳动合同,按照《劳动合同法实施条例》的规定,劳动合同也应当续延至服务期满。因此,对于用人单位而言,无论是否续订劳动合同,都无法阻碍这种"续延",但如果不续订劳动合同,可能会使用人单位与劳动者之间处于"无书面合同"状态,由此产生不必要的法律风险,得不偿失。还需要注意的是,在续订劳动合同时,用人单位不得降低劳动者的劳动条件,如不得降低工资或职位,不得增加劳动强度等。

根据法律规定,劳动合同期满,服务期尚未届满的,劳动者无权终止劳动合同,否则应承担违约责任。

司法实践中一般认定,用人单位依约支付培训费用后,即已完全履行自己的合同义务,是否要求劳动者提供服务则成为用人单位的权利。因此,在劳动合同到期时,用人单位有权决定是否终止劳动合同。"双方另有约定的,从其约定",用人单位可以在约定服务期的同时,设置自己在服务期内单方解除劳动合同的条款。

《上海市高级人民法院民一庭关于审理劳动争议案件若干问题的解答》也明确,用人单位和劳动者在劳动合同期限之外又约定了服务的,推定服务期为双方劳动合同的期限。《上海市劳动和社会保障局关于实施〈上海市劳动合同条例〉若干问题的通知(二)》中规定,约定的服务期限长于劳动合同期限的,劳动合同期满用人单位放弃对剩余服务期要求的,劳动合同可以终止,但用人单位不得追索劳动者服务期的赔偿责任。劳动合同期满后,用人单位继续提供工作岗位要求劳动者继续履行服务期的,双方当事人应当续订劳动合同。因续订劳动合同的条件不能达成一致的,双方当事人应按原劳动合同确定的条件继续履行。继续履行期间,用人单位不提供工作岗位,视为其放弃对剩余服务期的要求,劳动关系终止。

二、服务期违约金的承担

（一）支付违约金的情形

根据《劳动合同法》的规定，劳动者违反服务期约定的，应当按照约定向用人单位支付违约金，具体包括以下三种情形：

1. 服务期尚未届满，经劳动者提出双方协商一致解除劳动合同的。

2. 服务期尚未届满，劳动者因个人原因单方解除劳动合同的。

3. 服务期尚未届满，用人单位因劳动者有下列情形之一而依法解除劳动合同的：

①严重违反用人单位的规章制度的；

②严重失职，营私舞弊，给用人单位造成重大损害的；

③同时与其他用人单位建立劳动关系，对完成本单位的工作任务造成严重影响，或者经用人单位提出，拒不改正的；

④以欺诈、胁迫的手段或者乘人之危，使用人单位在违背真实意思的情况下订立或者变更劳动合同的。

（二）不需要支付违约金的情形

1. 根据《劳动合同法实施条例》第二十六条的规定，用人单位与劳动者约定了服务期，但是用人单位存在《劳动合同法》第三十八条规定的情形，劳动者解除劳动合同的，用人单位不得要求劳动者支付违约金。

2. 在试用期内劳动者解除劳动合同，无须支付违约金。

3. 劳动合同期限届满时，用人单位与劳动者应当按照公平、平等、诚信原则续订劳动合同，用人单位单方降低劳动者工资的行为违反了诚实信用原则，劳动者因此不同意续订劳动合同，不属于违反服务期约定，因此无须向用人单位支付违约金。

（三）企业如何合理约定违约金数额？

《劳动合同法》中确定"违约金"标准的基数围绕"培训费用"。

1. 具体哪些项目可以作为"培训费用"？企业在劳动者培训期间支付的工资、社保费用、培训补贴是否可以计入培训费用中？

《劳动合同法实施条例》第十六条规定明确，培训费用包括用人单位为了对劳动者进行专业技术培训而支付的有凭证的培训费用、培训期间的差旅费用以及因培训产生的用于该劳动者的其他直接费用，如食宿费用等。

至于劳动者在培训期间的工资、社保费用，是否可以计入培训费用？法律没有明文规定，理论界目前有两种观点：一种是支持计入培训费用；另一种是反对计入培训费用。司法实践中也有很多判决是支持将劳动者培训期间的工资和社保费用计入培训费用的。建议用人单位从维护自身利益的角度，可以把培训期间的工资和社保费用计入培训费用。

在实践中，有些用人单位会向劳动者提供培训期间的特殊补贴，此为基于培训产生的直接费用，因此可以计入培训费用中。

2. 约定违约金的数额与要求劳动者实际支付的违约金数额各有什么限制？

《劳动合同法》第二十二条第二款明确规定用人单位与劳动者约定的违约金数额不得超过用人单位提供的培训费用总额；用人单位要求劳动者实际支付的违约金数额则不得超过服务期尚未履行部分所分摊的培训费用。根据上述规定，用人单位与劳动者约定违约金时，可以约定等同于培训费用总额的违约金，待劳动者实际违约时，则应根据违约时间长短来具体确定劳动者应承担的违约金数额，而不是简单按照合同约定的数额来确定。

3. 违约金是动态的。

用人单位要求劳动者支付的违约金不得超过服务期尚未履行部分所应分摊的培训费用。劳动者实际发生违约行为时，并非简单适用约定的"违约金"数额，而是依尚未履行期限按比例计算实际违约金。计算公式：违约金 =（培训费总和 / 约定的服务期）× 未履行的服务期，实际核算中以月为最小单位。举个例子，如果培训费是10万元，约定服务期为5年，劳动者工作3年后跳槽，那么用人单位要求劳动者支付的违约金不得超过4万元。

三、培训服务协议签订的注意要点

1. 试用期的员工不建议进行专项培训，就算企业花钱给试用期员工进行培训，试用期员工辞职，企业也不能要求员工承担赔偿金。

2. 只有企业支付了费用，才能签订协议，而且支付的费用一定要有费用凭证，企业内部组织的培训，通常是不能签订协议约定服务期的。

3. 培训服务期要合理，不能任意设置。

4. 违约责任要写清楚。

5. 培训协议最好在培训前签订，避免员工培训后不签订协议，企业陷入被动。

附件：

培训服务协议书

甲方：　　　　　　　　（以下简称甲方）

乙方：　　　　　　　　（以下简称乙方）

身份证号码（护照号码）：

根据《劳动法》《劳动合同法》等有关规定，甲乙双方在平等互惠、协商一致的基础上达成如下条款，以共同遵守。

第一条：培训服务事项

甲方根据企业发展的需要，同意出资送乙方参加培训，乙方参加培训结束后，回到甲方单位继续工作服务。

第二条：培训时间与方式

（一）培训时间：自＿＿＿＿年＿＿＿月＿＿＿日至＿＿＿＿年＿＿＿月＿＿＿日，共＿＿＿天；

（二）培训方式：□脱产、□半脱产、□函授、□业余、□自学、□其他。

第三条：培训项目与内容

（一）参加培训项目：＿＿＿＿＿＿＿＿＿＿＿＿＿＿＿＿＿＿＿＿。

（二）培训主要内容：

1. ×× 公司背景介绍、公司业务简介；

2. 自由发挥；

3. 与增强岗位工作技能有关系的其他内容培训。

第四条：培训效果与要求

乙方在培训结束时，要保证达到以下水平与要求：

（一）取得培训机构颁发的成绩单、相关证书、证明材料等；

（二）甲方提出的学习目标与要求：

1. 能够熟练掌握应用＿＿＿＿＿＿＿＿＿＿＿专业或相关理论知识；
2. 具备胜任＿＿＿＿＿＿＿＿＿岗位或职务实践操作技能和关键任务能力；
3. 其他要求：＿＿＿＿＿＿＿＿＿＿＿＿＿＿＿＿＿＿＿。

第五条：培训服务费用

费用项目、范围及标准

1. 培训期内甲方为乙方出资费用项目包括：□工资及福利费、□学杂费、□教材费、□往返交通费、□住宿费、□生活补助费、□通信费。

2. 费用支付标准：

本次培训由甲方为乙方提供培训学习费用预计＿＿＿＿＿＿＿元人民币（大写＿＿＿＿＿＿＿＿）（具体甲方所提供的全部培训费，包括交通费、食宿费及其他各类实际发生的费用等按完成培训后，乙方所报销的实际票据统计）。另包括培训合作单位＿＿＿＿＿＿＿＿＿＿＿＿＿＿公司提供的＿＿＿＿＿＿＿＿服务，约合人民币＿＿＿＿＿＿元。

3. 甲方负责为乙方提供办理参加培训的必要手续和条件。

4. 在乙方参加培训期间，甲方负责为乙方协调各方面与培训相关的关系，为乙方做好生活安排，以便很好地完成培训任务。

5. 培训结束后，甲方组织有关培训部门对乙方的培训结果进行综合评价。

6. 对参加完培训的人员，甲方将其作为技术骨干，并将在今后的后备干部提名、任职、待遇等方面予以优先考虑。

第六条：服务期

（一）服务期限签订原则：

普通员工			
培训费用（总额）	伍仟元以下（含）	伍仟—壹万元（含）	壹万—贰万元（含）	贰万元以上（含）
培训服务年限（不少于）	1年	2年	3年	5年
中层管理类			
培训费用（总额）	伍仟—壹万元（含）	壹万—贰万元（含）	贰万—叁万元（含）	叁万元以上（含）
培训服务年限（不少于）	1年	2年	3年	5年

（二）乙方接受培训结束后，需按照甲方要求及时回到公司工作，继续为甲方服务，服务期限从乙方回到公司正式开始工作之日起计算，服务期限为____年，自____年___月___日起至____年___月___日止。如果甲方与乙方已签订的劳动合同中的劳动期限短于本服务期限的，则该劳动合同中的劳动期限自动延长至服务期满，乙方需学以致用，把获取的技术、知识充分应用在实际工作中，完成甲方安排的工作任务。

第七条：甲方责任与义务

（一）在培训前与乙方签订固定期限的劳动用工合同，确立劳动关系；

（二）保证及时向乙方支付约定范围内的各种培训费用；

（三）保证向乙方提供必要的培训条件、妥善的在职工作安排；

（四）在培训期间，做好与培训单位的沟通、协调、监督工作。

第八条：乙方责任与义务

（一）保证完成培训目标和学习任务，取得相关学习证件证明材料。

（二）保证在培训期内服从管理，不违反甲方与培训单位的各项政策、制度与规定；如系甲方派遣乙方出国参加培训的，还应当严格遵守所在国的法律、法规的规定。

（三）保证在培训期内服从甲方各项安排；不得到其他公司、其他组织或个人处从事甲方指派的培训任务以外的任何工作（全职/兼职）。

（四）保证在培训期内定期与甲方沟通，汇报学习情况；不得擅自改变经甲乙双方确定的接受培训单位及培训计划等内容。

（五）保证在培训期内维护自身安全和甲方一切利益；因私外出或擅自行动期间发生的任何事故的责任、费用由本人自负。

（六）在培训期间，乙方应当充分尊重并严格遵守培训单位正常工作纪律和规章制度，乙方对培训单位任何劳动纪律或工作制度的违反视为对甲方规章制度及劳动纪律的严重违反，甲方有权视情节对乙方做出罚款、降级等处罚直至提前单方面解除与乙方劳动合同，甲方不支付乙方任何经济补偿。

（七）保证在培训期结束后，回到甲方参加工作，服从甲方分配，服务期限达到____年以上（不包括培训期）。

（八）乙方在培训中获得的培训证书所有权归公司所有。

第九条：违约责任

（一）发生下列情况之一，乙方承担的经济责任

1. 在培训期结束时，未能完成培训目标任务，未取得相应证书证明材料，乙方自行承担_____%培训成本费用（全部培训成本费用包括甲方出资全部培训费用和因乙方参加培训不能为甲方提供服务所损失的实际成本）；

2. 在培训期内违反了甲方和培训单位的管理和规定，按甲方和培训单位奖惩规定执行；

3. 在培训期内损害甲方以及培训机构形象和利益，造成了经济损失，乙方补偿甲方全部经济损失；

4. 培训期间内自行提出中止培训或解除劳动用工合同，乙方向甲方返还全部培训费用；

5. 培训期结束回到甲方工作后，未达到协议约定的培训服务年限，乙方必须向甲方支付违约金，违约金＝培训费用 ×（未服务年限 ÷ 总服务年限）。

（二）发生下列情况之一，甲方承担的经济责任

1. 甲方未按约定向乙方支付全部或部分培训费用，按协议向乙方支付培训费用；

2. 因甲方的原因提出与乙方终止培训服务年限协议或解除劳动用工合同，依法向乙方支付经济补偿金。

（三）发生违约情况时，守约方可依据法律法规和《劳动合同》的相关规定提出解除培训协议或终止劳动用工合同。

第十条：保密

乙方从培训中获得的任何技术、知识、信息，均应保密，未经甲方事先书面允许，不得公开、泄露或提供给他人，员工的保密义务在本服务期协议终止后继续有效____年。乙方违反保密规定，必须赔偿甲方由此引起的一切经济损失。

第十一条：附则

（一）本合同未尽事宜双方可另作约定；

（二）本服务期协议中如有任何条款被裁定无效，并不影响其余条款的

效力；

（三）双方因违反本协议而发生的纠纷，应向甲方所在地的劳动仲裁机关申请劳动争议仲裁，并适用中华人民共和国法律；

（四）本协议一式二份，甲、乙双方各执一份，具有同等法律效力。

甲方（盖章）：　　　　　　　　乙方签字：

签订日期：　　年　月　日　　签订日期：　　年　月　日

第四篇
人力资源管理制度的设计

第十一章
企业制度设计中的注意要点

11.1　如何合法制定企业规章管理制度？

劳动法，是调整劳动关系以及与劳动关系密切联系的社会关系的法律规范总称。它是从民法中分离出来的法律部门；它是一种独立的法律部门。这些法律条文规管工会、雇主及雇员的关系，并保障各方面的权利及义务。

2018年修改后的《公司法》第十八条第三款规定："公司研究决定改制以及经营方面的重大问题、制定重要的规章制度时，应当听取公司工会的意见，并通过职工代表大会或者其他形式听取职工的意见和建议。"这里所规定的"应当听取公司工会的意见，并通过职工代表大会或者其他形式听取职工的意见和建议"也是程序的要求。

《劳动合同法》第四条第二款规定："用人单位在制定、修改或者决定有关劳动报酬、工作时间、休息休假、劳动安全卫生、保险福利、职工培训、劳动纪律以及劳动定额管理等直接涉及劳动者切身利益的规章制度或者重大事项时，应当经职工代表大会或者全体职工讨论，提出方案和意见，与工会或者职工代表平等协商确定。"第四款规定："用人单位应当将直接涉及劳动者切身利益的规章制度和重大事项决定公示，或者告知劳动者。"

制定企业规章制度的法律操作实务，包括合法性与程序性的要求。如果规章制度的民主程序、公示程序不合法，就会导致规章制度无效。

一、民主程序及要求

民主程序是指企业行政一方制定出规章制度以后，要提交职工代表大会或者政务大会讨论通过。但是从企业工会体制建立方式来看，工会或者职工代表大会不能对规章制度的制定进行有效监督。虽然企业行政一方依照法律相关规定把规章制度提交职工代表大会或政务大会进行民主讨论，但大多数情况下，最终还是按照企业行政一方的意志来办理。

涉及员工切身利益的制度，如涉及劳动报酬、企业的薪酬制度以及惩处员工时工资的扣或者减的规定，涉及加班制度及加班费的支付问题，涉及工时制度、休息休假、劳动安全卫生、福利、培训、劳动技能等，基本上涵盖了企业八类规章制度。也就是说，企业日常管理员工的所有规章制度，基本都要经过《劳动合同法》所规定的民主程序。

这些涉及员工切身利益的制度或者重大事项，应当经过职工代表大会或者全体职工讨论提出方案和意见，即只有经过职工代表大会或者职工大会讨论才能形成企业规章制度的方案。职工代表由全体职工推举或者选举产生，企业可以没有工会，上级工会会对企业职工代表选举以及代表职工利益履行职权进行监督。

民主程序增加了企业规章制度制定的难度，特别是《劳动合同法》颁布后，企业的规章制度更加难以拟定。那么当涉及员工切身利益的规章制度无法通过时，企业应如何行使自己的管理权以及如何在劳动权利义务履行过程中进行管理？对此，劳动合同为企业提供了一个良好的解决问题的途径，即既然涉及员工切身利益的规章制度很难通过民主程序，那么企业可以把涉及员工切身利益的相关内容，包括权利、义务的分配方案，放在劳动合同中，这样就可以避免民主程序。因此，这也就要求企业应对劳动合同实行个性化的管理。

民主程序是企业规章制度生效的要件，如果没有证据证明企业规章制度的制定经过民主程序，企业有可能陷入被动局面，因此企业人力资源工作者要采取有效措施将经过民主程序的证据予以保存。

在证据的保存方面，有的企业会就规章制度的制定下达文件，向员工说明，该规章制度的制定所经过的相应程序，在某年某月某日经职代会讨论并提出方案，又经过和工会协商最终确定，现在予以发布，希望遵守执行。实际上，这些企业走入一个误区，因为上述做法只是企业单方面的意思表示，并没有起到证据保存的作用。

一般来说，主要有三个方面的证据可以作为证明民主程序的充分依据：

第一，职代会讨论企业规章制度方案时的讨论记录以及参与讨论人员的签字；

第二，讨论形成一致意见的决议性文件以及相关人员的签字；

第三，工会或者职工代表协商的过程记录，包括协商的过程双方产生分歧及最终达成一致时的记录与相关人员的签字，这些必须有客观的、书面的证据。

自《劳动合同法》实施以后，一些基本规章制度的制定，都要经过民主程序。只有对上述三个方面的相关证据进行有效保存，才能起到证明依据的作用。一旦发生争议，就有相关的证据作为基础性的材料来佐证。

二、公示程序及要求

公示的目的就是通过如通知、会议等公开告知的形式，使员工知道规章制度的内容并在日常工作中遵守、执行。

同时，作为人力资源工作者，必须确保有证据证明员工已经知道企业的规章制度，否则，将产生严重后果。

【实战案例49】

北京一家汽车生产公司让某报社做广告，要求的广告式样为跨营业中位广告，结果广告登出来后，该汽车生产公司发现广告变成了跨营业下位广告。由于报社所做的广告不符合合同的要求，汽车生产公司要求报社给予赔偿。后经双方谈判，报社同意免费再做一期。该报社内部经调查，发现出现这一错误是由于报社某员工严重失职，在合版时出现了失误。该广告实际履行过程中的报价是一期16.3万元，相当于报社损失了16.3万元。根据《劳动法》第二十五条第一款第（三）项规定，劳动者若严重失职，营私舞弊，对用人单位利益造成重大损害的，用人单位可以解除劳动合同。于是，报社决定解除与该员工的劳动关系。该合版员在报社工作了11年，月薪1万元，对于报社的决定感到不服，要求赔偿。而按照法律规定，在违纪性解除劳动关系的情况下是没有经济补偿金的。该员工提起仲裁申请，要求报社支付解除劳动合同的经济补偿金，11个月共11万元。由于报社已经延期支付，按照有关法律规定，报社应再支付 50% 的额外经济补偿金 5.5 万元，总计 16.5 万元。

【案例分析】

在审理过程中，仲裁委员会认为解除劳动关系的争议，举证责任在企业，企业必须拿出充分的证据证明解除员工的劳动关系具有充分理由，如果没有相应的证据，就推定企业解除劳动关系的行为是错误的。

经过审理发现，企业在员工的岗位职责中讲到了合版的责任，但该员工否认看过该岗位职责，而企业拿不出相关的证据证明。因此，仲裁员认为企业的岗位职责没有对员工进行公示，员工不承担合版的责任。相应地，企业认定该员工为造成重大损害的责任人也是错误的，于是仲裁委员会撤销了解除劳动关系的决定。

在这种情况下，如果该员工选择不回去工作，企业就要支付其经济补偿金以及 50% 的额外经济补偿金，共 16.5 万元。这样，加上原来损失的 16.3 万元，企业一共将损失 30 多万元。

可见，企业对规章制度进行公示的目的不仅是让员工知道，还要采取有效的措施将公示的证据固定下来，否则，可能对企业产生不利影响。

【操作建议】

企业习惯采用电子手段如网站、邮件、电子牌等来进行公示，这些公示方式虽然可以达到让员工知道规章制度的目的，但是企业要注意将公示的证据进行固定。

一、在网站上公示

网站上公示可以节约成本，但是要达到证据保存的目的，必须依赖于相应的技术支持。企业必须和劳动者约定企业在网站上公示规章制度，并告知员工浏览的具体时间和浏览网站。只有这样约定清楚，发生争议时企业才有证据。另外，企业还有一个证据责任，即有证据证明已经把规章制度放到网站。

二、电子邮件

有些企业员工较少，员工之间习惯用电子邮件。将电子邮件作为证据使用的，须获得双方的认可。只有双方认可电子邮件，电子邮件才能作为证据，被人民法院采信。但是如果有一方不认可，那么该证据就是无效的，除非有其他间接证据佐证。例如，北京市高级人民法院规定，电子邮件作为证据必须由公证机关进行公证。

三、用公告栏进行的公示

用公告栏进行公示与在网站上进行公示类似，必须双方事先约定认可公示栏是企业公示规章制度的一个方式，让员工知道何时去查看，同时要有证据证明规章制度已经在公示栏进行了公示。

四、传统意义的公示方式

制定规章制度后，组织大家学习，同时做好笔记，并要求相关人员签字。比如，企业往往会给员工发一本《员工手册》，在给员工分发时可以让员工签字确认其已经收到《员工手册》。这是一种很有效的公示方式，取证简单，证据有效性强。

五、劳动合同附件

即直接把和员工权利义务息息相关的规章制度作为劳动合同的附件。

需注意的是，在作为附件时，劳动合同的表述有时不够清楚。比如，有的企业就在劳动合同中非常简单地提到：下列规章制度（比如《员工手册》或薪酬制度）作为劳动合同的附件。在这种情况下，如果员工否认自己见过就很容易发生争议。

一般来说，在签订劳动合同时，企业可以这样写：乙方（员工）已经认真阅读上述规章制度，并且能够理解规章制度的含义，愿意遵守上述规章制度。这样的表述就比较完整、清晰。

11.2　关于企业年终奖兑现中的问题

11.2.1　发放年终奖是企业的法定义务吗？

【实战案例 50】

王某于 2012 年 7 月至 2014 年 9 月担任某咨询公司管理顾问。2014 年 9 月，王某向单位提出辞职，并要求公司按其他相同岗位且已获年终奖员工的年终奖标准，向其补发 2013 年度的年终奖 12000 元。

公司对王某所主张的年终奖请求不予认可，主张年终奖的发放对象、发放与否、发放金额均属公司的自主管理范畴，公司根据《咨询公司年终奖发放办法》，综合考评员工全年的表现后，方确定年终奖的发放对象、核算方法、发放金额等。公司执行的不是全员年终奖制度。按公司综合考评结果，王某等 20 余人并非属于可以发放年终奖的人员范围。因此，王某以其他员工取得年终奖的情况来推断自己也应获得年终奖无事实依据和法律依据。

【案例分析】

发放年终奖系企业的一种激励措施或福利措施，依据《关于工资总额组成的规定》，年终奖是奖金的一种类型，其法律性质系工资。但是，这并不意味着发放年终奖是企业的法定义务。

其一，法律法规未强制规定企业必须设定年终奖。

对于最低工资标准、计时工资、计件工资、加班费等，从《工资支付暂行规定》及各地关于工资支付的地方性规定判断，均带有法律强制性。比如，员工在正常提供劳动的前提下，企业支付的工资不得低于当地最低工资标准；对于计时工资等，企业须按时、足额向员工支付，且至少每月支付一次。（对于非全日制用工而言，工资支付周期不得超过 15 日。）换言之，只要员工正常工作，企业即需依法依约向员工支付劳动报酬。

而企业是否设定年终奖、如何设定等，则并非法律的强制性规定，应属于企业用工管理自主权的范畴，也就是说，企业没有必须设定年终奖的法定义务。

其二，年终奖系企业用工管理自主权的范畴。

《劳动法》第四十七条规定："用人单位根据本单位的生产经营特点和经济效益，依法自主确定本单位的工资分配方式和工资水平。"一般来说，企业设定年终奖，要么基于激励优秀员工，要么作为企业福利，等等。但无论企业的初衷如何，企业是否有年终奖、如何发年终奖（如发放对象、发放条件、发放时间等）均系企业的自主管理权范畴。

其三，员工不能强求企业必须设定年终奖。

年终奖非企业的法定义务。作为员工，一是不能强求企业必须设定年终奖；二是不能强求企业必须参考同行业或当地工资水平而设定或发放年终奖；三是在企业规章制度已明确发放对象的前提下，不能强求企业参照其他人员的标准等发放年终奖。当然，针对员工已有权获取年终奖以及年终奖数额明确的前提下，有的地方对年终奖的支付问题予以明确规定。例如，根据《深圳市员工工资支付条例》规定，劳动关系解除或者终止时，员工月度奖、季度奖、年终奖等支付周期未满的工资，按照员工实际工作时间折算计发。

企业无年终奖制度，或者企业与员工就年终奖问题未约定，或者员工不属于年终奖的发放对象条件等情形下，员工要求企业支付年终奖，是无事实依据和法律依据的，反之，则具体问题具体分析。在本案例中，裁决机构最终认定年终奖的发放属于咨询公司的自主管理范畴，王某的请求无事实和法律依据，予以驳回。

11.2.2 购物券、加油卡等另类"年终奖"

【实战案例 51】

某公司于 2014 年 1 月 15 日向员工发放 2013 年年终奖，对有车的员工，是一张 5000 元的加油卡和一张 5000 元的购物卡；对无车的员工是两张购物卡。

有的员工表示理解；但有的员工提出质疑，不认可这种发放方式。公司答复：一是根据双方劳动合同约定，公司可根据客观情况决定年终奖的发放形式，公司的做法并无不妥；二是员工用"卡"购物或加油时可以享受一定的折扣，公司也是为员工考虑；三是公司与购物卡公司存在合作关系，大家应该互相体谅；四是部分员工认可了这种方式，可以说公司的做法是有合理基础的。部分员工不认可此解释，要求公司兑现现金年终奖。

【案例分析】

年终奖的法律性质系工资，根据《劳动法》《工资支付暂行规定》及各地关于工资支付的规定，企业应当以货币形式支付工资，不得以实物、有价证券等代替货币支付。而且年终奖还涉及个人所得税，企业这样做，也有可能涉及税务的问题。

在本案例中，公司自以为是地以购物卡、加油卡等向员工支付年终奖，违反上述法律法规之规定。因此，员工有权要求公司取消以购物卡、加油卡等替代年终奖的做法，否则，企业可能因此招致相应的法律风险；部分员工认可本案中购物卡等方式的，企业可通过书面方式与员工另行协商确定，以防后患。

此外，作为激励员工的方式或措施，年终奖并非唯一的选择，企业完全可以根据实际情况确定不同的激励措施，如旅游、实物奖励、培训提升等。

11.2.3 企业扣销售提成，并将所扣的销售提成作为年终奖，这种做法可取吗？

【实战案例52】

某销售公司 90% 的员工系销售人员，与公司签订的劳动合同明确约定了底薪、保底业绩和提成比例，且根据公司的提成制度和销售状况等予以确定和变动提成比例。

员工的流动频繁是销售型公司的用工特点之一。因此，基于稳定销售队伍的目的，公司管理层决定适当地提高销售人员的提成比例，并"提取员工每月销售提成的20%，累积一年后按提取额的120%发放，作为员工的年终奖励。若员工在公司工作不足一年的，每月扣除的20%销售提成不予退还，纳入在职员工的年终奖励基金"，并由公司《关于销售人员提成制度的补充规定》予以明确。

2014年11月，几位工作不满一年就离职的员工集体申请仲裁，要求公司补发被扣发的20%提成。公司认为，公司提高销售人员提成比例和新的年终奖制度，已经民主程序制定并向员工公示，员工当时亦未提出异议。因此，不同意员工的仲裁请求。

【案例分析】

不得不说，企业的做法属于典型的"狸猫换太子"，将本来属于员工销售提成的一部分工资予以扣除，并理直气壮地美其名曰为年终奖励，也算是用工管理中的特殊现象。

按《关于工资总额组成的规定》之规定，业务提成本质上属于计件工资（第六条规定，计件工资是指对已做工作按计件单价支付的劳动报酬，包括按营业额提成或利润提成办法支付给个人的工资）。企业应当依法依约以货币形式按月及时足额向员工支付，而不得克扣或者无故拖欠。

在本案例中，销售公司的做法恰恰违反了上述法律规定。虽然公司通过民主程序并公示了相关规章制度，但是违反法律法规强制性规定的规章制度无效或部分无效。

而且销售公司的这种做法亦存在法律风险，依据《劳动合同法》第三十八条、第四十六条规定，企业未及时足额支付劳动报酬的，员工可以解除劳动合同并主张经济补偿金。

企业采取违法的管理方式不但不能实现稳定销售队伍的目的，反而会导致销售队伍更加不稳定，同时将导致系列用工管理法律风险。因此，笔者认为，本案例中的销售公司可适当调整提成比例或者变更提成核算方法等。另外，同时辅以其他措施，比如长期服务奖励制度，即通过规章制度明确：员工在公司工作每满一年的，可在年终另行按销售额的一定比例获取长期服务奖金；如果员工在公司工作不满一年，则不能获得该年度的长期服务奖金。两类措施的结合使用，一方面公司并未增加工资支付等用工成本，却可以达到稳定和激励员工的目的；另一方面则规避了如本案例所可能引发的法律风险。

11.2.4 员工休假或缺勤超过一定天数，有无当年的年终奖？

【实战案例 53】

案例一：马某在某公司任职已 5 年，在过去的 4 年时间内，每年春节前基本上都能拿到上一年度的年终奖。但 2013 年因家庭私事而向公司请事假累计 30 多天。2014 年 1 月，马某被告知：因其 2013 年事假超过 30 天，按公司规定不能获得 2013 年年终奖。马某与公司沟通无果，遂申请仲裁。

案例二：杨某所在公司的规章制度及其与员工签订的劳动合同中均明确规定，公司每年依据员工的业绩考核结果并结合出勤情况等核发年终奖。2013 年 5 月，杨某因怀孕而休产假和晚育奖励假共计 128 天。2014 年 1 月 6 日，杨某领取的 2013 年的年终奖比应发额少了三分之一。公司答复：核算杨某 2013 年年终奖时，业绩考核是按其 8 个月的业绩平均数进行考核的，杨某实际缺勤 4 个月，按公司规定只能核发三分之二的年终奖。

【案例分析】

如前所述，企业就是否发放年终奖、如何发放年终奖等有权自主确定，包括但不限于发放对象、核算条件等。实践中，已有年终奖制度的企业，大多数将员工的出勤情况等作为年终奖的发放条件或核算条件之一，不过企业须不得违反法律的强制性规定，一般来说：

1. 员工旷工、迟到、早退等出勤违纪情形以及病假、事假等情形，作为年终奖不予核发的条件或年终奖的核算条件并无不妥。

2. 员工拒绝加班的情形能否作为年终奖不予核发的条件或年终奖的核算条件，则具体问题具体分析。《劳动法》第四十一条和第四十二条分别规定了两类不同情形的加班，前者须经双方协商一致，后者系基于抢险救灾以及抢修公共设施等需要员工加班的，员工不得拒绝。因此，对于后者，如员工拒绝加班的，企业可以将其作为年终奖不予核发的条件或年终奖的核算条件。

3. 对于依法应当按正常出勤处理的休假，如合法生育的产假、法定节假日、年休假、婚丧假等，则企业不能以员工享受上述休假为由而不予核发年终奖或核减年终奖。

案例一中公司规章制度规定员工当年度事假超过一定天数，则不再享受当年年终奖，公司按其规章制度规定不予支付马某 2013 年度年终奖并无违法之处；而案例二中杨某系依法休产假，公司因杨某休产假 4 个月而核减三分之一年终奖的做法显然是不合法的。

11.2.5 新员工是否享有当年年终奖？

【实战案例 54】

案例一：章某于 2014 年 6 月 30 日入职 A 公司，2015 年 1 月 10 日章某得知公司要发年终奖，但直至春节前章某发现自己的年终奖还未到账，即向 A 公司索要，但被公司明确拒绝，理由是章某在公司工作的时间不满一年，不具备享受年终奖的资格条件。经查，公司实行全员年终奖制度，但根据员工的级别不同，每年的年终奖为 1—3 个月的企业平均工资不等，但公司惯例是在公司工作不满一年的员工无年终奖。

案例二：2015 年 1 月，B 公司告知 2014 年 6 月 1 日方入职的小张，因小张在公司工作未满一年，按公司规定和双方劳动合同约定无 2014 年年终奖。小张认为，自己虽来公司才 5 个月左右，但业绩等非常突出，因为自己在公司还不到 1 年就没有年终奖，公司的做法很不公平。

【案例分析】

劳动合同和企业规章制度虽然对年终奖的发放对象或资格条件等无约定或无规定，但事实上已全员发放年终奖，如上述 A 公司执行的是全员年终奖，只不过根据员工级别不同而存在不同的发放标准。这种情况下，章某有权要求公司支付年终奖，而不论其是在职还是离职。在司法实践中，裁决机构一般按员工在岗时间与全年度时间的比例，支持员工一定比例的年终奖请求。

反之，企业的规章制度或者与员工的劳动合同对年终奖发放对象或资格条件已有明确约定或规定，如案例二中 B 公司与小张已在双方劳动合同中就年终奖的发放对象或资格条件予以明确，在此情形下，企业不予支付小张 2014 年年终奖并无不妥。

所以，企业对于年终奖的发放对象或资格、条件等，最好在与员工签订的劳动合同中予以约定或者通过规章制度予以确定。

11.2.6 员工离职后有权要求企业支付年终奖吗？

【实战案例 55】

案例一：小李于 2012 年 1 月 2 日到某公司工作，2014 年 1 月 5 日因个人情况从公司离职，春节期间与同事聚会时了解到：公司在其离职后 1 周左右发放了 2014 年的年终奖，小李认为自己也应有一部分年终奖。经与公司沟通，公司答复：年终奖的发放范围是发放时在册的员工，即年终奖发放前即已离职的员工不能享受，故小李没有年终奖金。

案例二：小马与某 IT 公司签订两年期劳动合同（2011 年 1 月 7 日至 2013 年 1 月 6 日），双方约定根据小马的销售业绩公司在每年 12 月给予小马不低于 24000 元的年终奖。2012 年 5 月，小马从公司辞职，并要求公司向其支付 2012 年 1 月至 5 月期间的年终奖 10000 元。公司则认为：年终奖属于公司内部管理的范畴，公司可以根据业绩情况来衡量向谁发放、是否发放、如何发放等，小马 10 月已经离职，而年终奖是对在职人员的一种奖励，因此小马无权享受年终奖待遇。

【案例分析】

每年的岁末年初，往往是员工的离职高峰时间之一。因此，一些已有年终奖制度的企业往往规定已离职人员不享受年终奖。但是，这种做法在实践中存在风险。

案例一中，企业规定的年终奖发放对象，是"发放时在册的员工"，即年终奖发放前即已离职的员工不能享受。

如企业规定员工当年度已工作届满即可享受当年度年终奖，但又同时规定发放年终奖时员工已离职则不能享受年终奖，则是很矛盾的做法。如前所述，年终奖的法律性质是工资，《工资支付暂行规定》及各地关于工资支付的规定均明确：劳动关系双方依法解除或终止劳动合同时，用人单位应在解除或终止劳动合同时一次性付清劳动者工资。因此，类似"年终奖的发放范围是发放时在册的员工"或者"凡在年终奖发放前已离职员工无权享受年终奖"的规定，在司法实践中均是有法律风险的。

案例二中，企业关于年终奖发放对象的规定可以归纳为"当年度12月31日前的在职员工方享受当年年终奖"，从而将12月31日前离职的员工排除在年终奖发放对象范围之外，似乎是合理的，实则不然。年终奖的核发往往与员工的全年度工作考核关系密切，如业绩考核、出勤情况、违纪情况与否等，假设员工当年12月25日离职，其已具备全年考核的基本条件甚至全部条件，但企业仍将员工排除在享受年终奖的对象范围之外，一是不合理，二是在司法实践中同样存在法律风险。此外，本案中企业将业绩条件作为唯一或主要的年终奖考核条件，则可以认定该企业年终奖的性质系工资中的劳动报酬，由此完全可以判断企业最终的法律风险是什么了。

无论是针对新入职员工，还是针对离职员工，企业在设定年终奖制度时，均需注意如下三点：

（1）明确年终奖的薪酬属性。年终奖在法律性质上系工资，但是从企业管理角度分析，区分年终奖是劳动报酬还是企业福利，可能存在较大的区别。如果企业仅以或主要以业绩考核结果作为年终奖的核发条件，则年终奖在实践中很容易被认定为劳动报酬，即便员工已经离职，存在被判定按工作时间比例支付年终奖的法律风险是显而易见的；反之，企业设定年终奖核发条件时，综合业绩情况、出勤情况、违纪情况、客户满意度、同事测评等情形，则年终奖的福利性质一般可得到认定，上述方式发生法律风险的可能性较小。

（2）设定可享受年终奖的资格条件或发放对象条件。奖励优秀员工或激励优秀员工是企业设定年终奖的出发点。因此，围绕此管理目的，再结合企业具体情况，可设定可享受年终奖的资格条件或发放对象条件，俗称"入围条件"。比如，企业可以如此规定发放对象条件：当年度在公司工作时间未超过 6 个月的，不纳入年终奖的发放对象范围；超过 6 个月但不足 12 个月，且事假超过 30 日的，不纳入年终奖的核发范围。总之，如何确定年终奖发放对象，由企业根据客观情况具体问题具体分析。

（3）在上述基础上，年终奖发放方案及核发方案须合理。比如针对已在本单位工作半年以上或 9 个月以上的员工，可以根据当年剩余工作时间与全年工作时间的比例作为年终奖核发的基础，并综合考虑业绩情况、出勤情况、违纪情况、客户满意度、同事测评等拟定具体的核发方法。

11.3 企业制度规定"回款后才提成"是否有效？

【实战案例 56】

孙某于 2012 年 8 月中旬进入某礼品公司从事销售工作。双方在劳动合同中约定：孙某工资执行底薪加提成，底薪为每月 4000 元，提成工资根据孙某销售业绩予以确定。2014 年 8 月 12 日，孙某告知公司劳动合同到期后将从公司离职，并希望公司届时结清其 2014 年 7 月和 8 月的销售提成款。办理离职手续时，公司告知孙某：您 7 月和 8 月的提成款核计 11 万元，但其中有三笔合同款还未到账（提成款核计 2 万元），因此只能向您支付 9 万元。孙某要求公司必须向其支付全部提成款。

双方因此引发争议。在庭审中，对于孙某的业绩和应发提成金额，双方均无异议。双方劳动合同及公司《销售人员提成暂行办法》均明确：销售人员的提成款应在合同货款回收后，公司于下月 10 日前向销售人员支付。

【案例分析】

提成制度，是企业针对销售人员的主要工资制度。同时，通过劳动合同约定或者企业规章制度规定：款到提成，即只有销售人员的销售款项到账后才支付销售人员的提成款。

提成工资系工资中的劳动报酬，员工既然已有销售业绩，则按企业关于提成比例的规定或劳动合同约定向员工支付相应的提成工资，是企业的法定义务。

在实践中，款到提成制度可规避可能发生的呆账、坏账或者防范销售人员与客户恶意串通以虚假合同方式来骗取提成等，的确是一种比较合适或合理的薪酬制度和财务管理制度。但这并不意味着"款到提成"符合法律规定。

销售合同中所明确的合同款项是否回收，其法律性质系买卖双方之间的争议。销售款项是否回收不应成为企业拒付离职员工业务提成的合法理由。

已实行提成制度的企业应进一步规定或约定：销售人员离职后应继续就销售回款进行催款，否则公司可以不予支付提成款。类似规定就更值得商榷，员工已经离职，以何种身份去向第三方客户催款？此外，催款是工作行为，如果是企业要求离职员工催款的，是否得向离职员工支付相应的工作报酬？

在本案例中，礼品公司应当向孙某支付全部提成工资。当然，如果双方就提成工资支付或/和就催款问题已另行达成协议的，则按双方约定处理即可。

11.4　关于年休假及未休年休假工资的几个问题

职工年休假制度2008年前即已存在，如1991年《中共中央、国务院关于职工休假问题的通知》（中发电〔1991〕2号）即已明确：确定职工休假天数时，要根据工作任务和各类人员的资历、岗位等不同情况，有所区别，最多不得超过两周。休假时间要注意均衡安排，休假方式一般以就地休假为主，一律不准搞公费旅游，也不得以不休假为由向职工发放或变相发放钱物。但当时的规定缺乏可操作性，导致事实上企业的年休假制度并未得到贯彻或落实。

国务院《职工带薪年休假条例》于 2008 年 1 月 1 日生效和实施，原人事部《机关事业单位工作人员带薪年休假实施办法》于 2008 年 2 月 15 日公布和实施，原人力资源和社会保障部《企业职工带薪年休假实施办法》于 2008 年 9 月 18 日公布和实施，上述系列行政法规、部门规章构成了目前关于带薪年休假较为完整的法规体系。即便如此，实践中针对企业职工带薪年休假及未休年休假工资等仍存在一些需要明确的问题。

11.4.1 如何理解员工连续工作满 12 个月才可以享受年休假？

在实践中，不少企业认为，员工只有在本企业连续工作满 12 个月的，才可以在本单位享受带薪年休假。这恰恰是一种误解，至少说不完全正确。员工连续工作满 12 个月，既包括员工在同一用人单位连续工作满 12 个月的情形，也包括员工在不同用人单位连续工作满 12 个月的情形。

如员工从原企业离职后第二天即入职本企业工作，则在上下家企业的工作时间符合连续工作满 12 个月的情形，即可在本企业享受年休假。只不过涉及新入职员工在本企业享受的年休假天数的具体折算问题（参见《企业职工带薪年休假实施办法》），折算方法为：（当年度在本单位剩余日历天数 ÷365 天）× 职工本人全年应当享受的年休假天数。

至于员工从上家单位离职后多长时间内入职新单位方可认定为"连续工作"，目前法律法规无规定，一般可以按"无间断"予以考虑。

11.4.2 非全日制用工可否享受带薪年休假？

【实战案例 57】

2013 年，李某应聘进入某房产公司工作，双方签订了非全日制劳动合同，合同期限为 2013 年 1 月 1 日至 2015 年 12 月 31 日。合同约定，李某的工作岗位为保安；工作时间每天不超过 4 小时，每周不超过 24 小时；每 15 天结算一次工资。2015 年 5 月 31 日，李某辞职后不久便向当地劳动争议仲裁院申请劳动仲裁，要求房产公司支付其未休年休假工资。

【案例分析】

就如何确定职工"累计工作时间"问题，根据2009年4月人力资源和社会保障部复函上海市人力资源和社会保障局的信息可知，累计工作时间，包括职工在机关、团体、企业、事业单位、民办非企业单位、有雇工的个体工商户等单位从事全日制工作期间。

该复函虽然是针对累计工作时间的确定而作出的规定，但不难看出，非全日制用工人员不属于可享受带薪年休假的人员范围。在本案例中，李某系非全日制用工，按规定不享受带薪年休假，其未休年休假工资请求无法律依据。

11.4.3 员工未书面提出不休当年年休假，是否视为放弃？

不少企业的规章制度明确规定"员工休年休假的，应当在规定的天数内向公司提出申请，经批准后方可休假。如员工未申请休当年年休假的，视为自愿放弃"。

其一，根据《职工带薪年休假条例》第五条、《企业职工带薪年休假实施办法》第九条规定，企业安排年休假时，根据生产、工作的具体情况，并考虑职工本人意愿。实践中众多企业采取的年休假申请制，可以认为是员工本人意愿的体现方式之一。但是，不能因此而忽视了年休假的实质程序——企业统筹安排，其落脚点带有企业单方决定的性质。换言之，不论员工是否申请休年休假，均不影响员工依法可享受的年休假权利，亦不能因此而免除企业安排员工年休假的法定义务。

其二，根据《企业职工带薪年休假实施办法》第十条规定，职工因本人原因且书面提出不休年休假的，用人单位可以只支付其正常工作期间的工资收入。由此判断：只有员工书面提出，并明确不休年休假的，方可以按员工放弃年休假处理。

其三，如果企业执行"不申请即为放弃年休假"，法律后果则是按规定向员工支付未休年休假工资。当然，双方就年休假工资的支付问题发生争议后，也可另行协商解决处理。

11.4.4　员工未经批准而擅自休年休假的，企业如何处理？

【实战案例 58】

王某系某贸易公司财务人员，2011年10月底，其丈夫因公出差，王某欲一同前往。于是向公司人力资源部和财务部申请年休假5天。两个部门联合通知王某，因目前公司财务工作比较紧张，公司暂不能批准王某的休假申请，并希望王某谅解。

王某认为，年休假是员工的合法权利，公司不予批准是违反国家规定的，因此一方面向劳动监察大队对公司进行了投诉，另一方面按其丈夫的行程计划随丈夫外出。

【案例分析】

享受年休假和要求企业安排年休假是员工的合法权利，但是，任何权利均不得滥用。且如上所述，虽然企业安排年休假时需考虑员工意愿，但这也同时意味着企业可根据工作需要等客观情况而作出合理的年休假安排决定，即只有经企业安排或批准年休假申请，员工方可休假。

本案中，王某未经公司批准即擅自休假，如企业规章制度已规定此类情形属于严重违反规章制度，则王某会因其擅自休假而受到企业依据规章制度而给予的相应处理，甚至可被企业按《劳动合同法》第三十九条规定而解除劳动合同。

11.4.5　安排员工外出旅游替代年休假，是否可行？

【实战案例 59】

某公司安排员工吴某等十余人在2015年10月8日到13日外出旅游，并且旅游费用均由公司承担，并以此为由视为吴某等已按公司安排享受了2015年共计5天的带薪年休假。但吴某反对：公司安排旅游系公司福利，不能因此而不再安排年休假。

【案例分析】

第一，年休假与企业安排员工外出旅游等，是两个不同的问题：前者系法定休假，后者仅仅是企业福利。

第二，按《职工带薪年休假条例》等法律规定，只有在符合法定情形下，方可冲抵当年年休假或者员工不能享受当年年休假（参见《职工带薪年休假条例》第四条、《企业职工带薪年休假实施办法》第十条），而企业安排旅游显然非属于上述可以冲抵员工年休假的情形。

第三，如果企业安排员工外出旅游前，已向员工说明外出旅游折抵员工的年休假并得到员工认可或同意，且有证据证明已得到员工的认可或同意则就另说了。否则，仍不能因此而免除企业安排员工年休假的义务或者不能免除企业应当支付员工未休年休假工资的责任。

11.4.6 企业如何设定福利性质的休假？

【实战案例60】

某设备公司规定：员工连续工作满12个月的，享受法定带薪年休假；员工自入职之日起可享受每年5天的企业年假。郭某于2012年7月1日大学毕业后即入职该设备公司工作，月工资5000元。2014年1月4日，郭某因个人原因从单位辞职，要求公司支付2012年7月1日至2014年1月4日未休年假计9天的工资4000余元。

【案例分析】

当法定年休假和企业年假二者并存时，如何核算员工的年休假以及如何确定未休年休假工资？

某设备公司就员工年休假的规定，一是员工依法每年应当享受的法定年休假的天数，二是按企业规章制度规定给予员工一定的企业年假福利。经核算：郭某于2012年7月1日入职公司，依据法律规定，其应连续工作满12个月后即2013年6月30日起方可享受当年的法定年休假，年休假天数按折算公式核算不足3天，即郭某应享受2013年法定年休假为2天；按某设备公司关于福利年假的规定，郭某于 2012 年 7 月 1 日入职之日起即可享受公司规定的企业年假，同样按折算公式核算年休假天数不足 3 天，即应享受 2012 年福利年休假为 2 天；两者合计 2013 年应享受企业福利年假 5 天。

根据《企业职工带薪年休假实施办法》第十三条规定，劳动合同、集体合同约定的或者用人单位规章制度规定的年休假天数、未休年休假工资报酬高于法定标准的，用人单位应当按照有关约定或者规定执行。而某设备公司规章制度规定的年休假天数显然高于法定标准，应当执行企业规章制度关于年休假的规定。

企业在法定年休假标准之外设定福利性质的企业年休假是一种管理激励措施，但如对企业年假的相关问题规定不明确或无规定，则势必导致上述法律法规的适用。因此，针对企业福利性质的年休假，笔者有如下建议。

第一，明确企业年休假的享受条件。本案中，科技公司规定只要是入职的员工均可享受企业年休假，则难免有福利过宽之嫌。比如企业可如此规定：员工连续工作满 12 个月的，除享受法定年休假外，还可以按企业规定另行享受企业年休假每年数天。在此基础上，再予以细化企业年休假的享受条件，如员工的出勤情况、业绩情况等。

第二，为避免日后因计算企业年休假天数而可能引发的争议，企业应当在规章制度中明确企业年休假的折算办法。具体折算办法可参考《企业职工带薪年休假实施办法》的相关规定。

第三，对于未休的企业年休假，企业应规定具体的补偿办法（包括货币补偿或者其他性质的补偿），否则，企业如果无类似的补偿规定，日后一旦引发争议，将导致裁决机构按未休法定年休假的补偿标准，即另行支付 200% 的工资予以认定。

第五篇
劳动保护

第十二章
社会保险及工伤管理

12.1　如何认定工伤及用人单位需承担的工伤费用？

工伤认定是劳动行政部门依据法律的授权对职工因事故伤害（或者患职业病）是否属于工伤或者视同工伤给予定性的行政确认行为。

根据《工伤保险条例》第十四条规定，职工有下列情形之一的，应当认定为工伤：

（一）在工作时间和工作场所内，因工作原因受到事故伤害的；

（二）工作时间前后在工作场所内，从事与工作有关的预备性或者收尾性工作受到事故伤害的；

（三）在工作时间和工作场所内，因履行工作职责受到暴力等意外伤害的；

（四）患职业病的；

（五）因工外出期间，由于工作原因受到伤害或者发生事故下落不明的；

（六）在上下班途中，受到非本人主要责任的交通事故或者城市轨道交通、客运轮渡、火车事故伤害的；

（七）法律、行政法规规定应当认定为工伤的其他情形。

第十五条规定：职工有下列情形之一的，视同工伤：

（一）在工作时间和工作岗位，突发疾病死亡或者在48小时之内经抢救无效死亡的；

（二）在抢险救灾等维护国家利益、公共利益活动中受到伤害的；

（三）职工原在军队服役，因战、因公负伤致残，已取得革命伤残军人证，到用人单位后旧伤复发的。

职工有前款第（一）项、第（二）项情形的，按照本条例的有关规定享受工伤保险待遇；职工有前款第（三）项情形的，按照本条例的有关规定享受除一次性伤残补助金以外的工伤保险待遇。

第十六条规定：职工符合本条例第十四条、第十五条的规定，但是有下列情形之一的，不得认定为工伤或者视同工伤：

（一）故意犯罪的；

（二）醉酒或者吸毒的；

（三）自残或者自杀的。

第十七条规定：职工发生事故伤害或者按照职业病防治法规定被诊断、鉴定为职业病，所在单位应当自事故伤害发生之日或者被诊断、鉴定为职业病之日起30日内，向统筹地区社会保险行政部门提出工伤认定申请。遇有特殊情况，经报社会保险行政部门同意，申请时限可以适当延长。

用人单位未按前款规定提出工伤认定申请的，工伤职工或者其直系亲属、工会组织在事故伤害发生之日或者被诊断、鉴定为职业病之日起1年内，可以直接向用人单位所在地统筹地区社会保险行政部门提出工伤认定申请。

按照本条第一款规定应当由省级社会保险行政部门进行工伤认定的事项，根据属地原则由用人单位所在地的设区的市级社会保险行政部门办理。

用人单位未在本条第一款规定的时限内提交工伤认定申请，在此期间发生符合本条例规定的工伤待遇等有关费用由该用人单位负担。

那企业的参保员工发生工伤后，在工伤保险基金支付范围以外，用人单位还需要承担哪些费用呢？

1. 职工治疗工伤期间的工资福利。因为工伤原因，员工在停工留薪期内，用人单位不得解除或终止劳动关系。

2. 工伤达到五级、六级伤残职工按月领取的伤残津贴。用人单位应与其保留劳动关系，安排适当工作。难以安排工作的，由用人单位按月支付伤残津贴，不得低于当地最低工资标准。

3. 职工因工致残被鉴定为五级至十级伤残的，劳动合同期满终止，或者职工本人提出解除劳动合同的，由用人单位向工伤职工支付一次性伤残就业补助金。

根据《工伤保险条例》第六十二条第二款规定，依照本条例规定应当参加工伤保险而未参加工伤保险的用人单位职工发生工伤的，由该用人单位按照本条例规定的工伤保险待遇项目和标准支付费用。

12.2 工伤员工借故拒绝上班，不断休假，如何处理？

《工伤保险条例》第二十一条规定："职工发生工伤，经治疗伤情相对稳定后存在残疾、影响劳动能力的，应当进行劳动能力鉴定。"

第四十二条规定："工伤职工有下列情形之一的，停止享受工伤保险待遇：

（一）丧失享受待遇条件的；

（二）拒不接受劳动能力鉴定的；

（三）拒绝治疗的。"

第三十三条第一款、第二款规定："职工因工作遭受事故伤害或者患职业病需要暂停工作接受工伤医疗的，在停工留薪期内，原工资福利待遇不变，由所在单位按月支付。

停工留薪期一般不超过12个月。伤情严重或者情况特殊，经设区的市级劳动能力鉴定委员会确认，可以适当延长，但延长不得超过12个月。工伤职工评定伤残等级后，停发原待遇，按照本章的有关规定享受伤残待遇。工伤职工在停工留薪期满后仍需治疗的，继续享受工伤医疗待遇。"

企业要是碰到这种情况，可以要求劳动者进行劳动能力鉴定，若劳动者不配合劳动能力鉴定可停发待遇；如果鉴定结果证明其已基本康复不享受医疗期或已经享受完法定的医疗期，就要通过电话、短信、挂号信、EMS等方式告知其医疗期已经结束，如果需要继续休息要按照公司规定申请假期。如果员工连请假手续都不履行，就要看公司制度的合规性了，如果制度合规，有假期及旷工等相应条款，就可以按公司制度进行处理。

12.3 提前下班发生车祸，是否是工伤？

【实战案例61】

大强在物业公司处任保安一职，物业公司的保安排班为早中晚三班。

2015年7月28日，大强在物业公司处上中班，中班的工作时间为15时至23时。当天22时10分左右，大强在未征得物业公司同意的情况下从物业公司保安岗处离开。2015年7月28日22时25分，大强驾驶自行车途经东莞市东城区时，与一辆小型客车发生碰撞导致身体多处受伤。经交警部门认定，大强在此次交通事故中负次要责任。

后大强被送往医院治疗，2015年8月1日经抢救无效死亡，死亡原因为"多器官功能衰竭"。2015年8月19日，陈某向市社会保障局提交《工伤认定申请书》，就大强于2015年7月28日发生交通事故受伤后经抢救无效死亡一事向被告申请工伤认定。被告受理其申请后，综合取得的各项证据材料，查明大强于2015年7月28日的正常下班时间为23时，大强未经公司同意于当天22时10分左右骑自行车离开单位，不属于上下班时间，于2015年10月16日作出《不予认定工伤决定书》。即大强在本次事故中导致的死亡不符合"在上下班途中，受到非本人主要责任的交通事故或者城市轨道交通、客运轮渡、火车事故伤害的"情形。因此，市社会保障局认定大强发生的事故伤害不符合《广东省工伤保险条例》第九条、第十条认定工伤或者视同工伤的情形，决定不予认定或者视同工伤，并依法送达陈某及物业公司。陈某不服，以市社会保障局为被告提起诉讼。

【案例分析】

物业公司保安处的工作时间为早班7时至15时，中班15时至23时，晚班23时至次日7时。2015年7月28日，大强事发当天是在物业公司处上中班，其正常下班时间是23时，而其在当天22时25分左右被发现在物业公司附近的马路上骑自行车发生交通事故，而且是在没有履行请假手续的情况下提前下班的。因此，大强属于擅自离岗发生交通事故受到伤害，并不符合下班途中应当予以认定工伤或者视同工伤的情形。据此，被告对大强2015年7月28日发生事故受到的伤害作出不予认定工伤决定书并无不当。原告的诉讼请求理据不足，依法应予以驳回。

这是原告不服被告市社会保障局裁定的结果，向法院起诉，法院的裁定依据。

根据《工伤保险条例》第十四条第（六）项规定，员工在上下班途中，受到非本人主要责任的交通事故或者城市轨道交通、客运轮渡、火车事故伤害的，应当认定为工伤。由此可见，上下班途中除考虑职工是否在上下班之合理路途中外，还需参照上下班合理时间因素综合判断，只有在上下班途中遭遇的交通事故才可能被认定为工伤。

职工擅自离岗本身就是违反用人单位的制度，而且是对用人单位利益的损害。若将其视同为正常下班，并让单位承担该违规行为所带来的风险，显然对单位有失公平。

12.4　下班途中因去超市买菜被汽车撞伤算工伤吗？

【实战案例 62】

陈女士在一家国企单位工作，2016年4月的某一天，陈女士下班回家的路途中顺便去了下超市购买晚上做饭用的食材，出来后在超市门口被一辆逆行的汽车撞伤，后住院治疗一个月。

【案例分析】

根据《最高人民法院关于审理工伤保险行政案件若干问题的规定》第六条规定，对社会保险行政部门认定下列情形为"上下班途中"的，人民法院应予支持：

（一）在合理时间内往返于工作地与住所地、经常居住地、单位宿舍的合理路线的上下班途中；

（二）在合理时间内往返于工作地与配偶、父母、子女居住地的合理路线的上下班途中；

（三）从事属于日常工作生活所需要的活动，且在合理时间和合理路线的上下班途中；

（四）在合理时间内其他合理路线的上下班途中。

根据上述条款规定，上下班途中接孩子、买菜发生交通事故算工伤吗？

对于"什么是合理时间？这个合理时间可以说比较宽泛，用我们的话来讲就是应当具有正当性"。最高人民法院行政审判庭原庭长曾经表示，上下班有一个时间区域，可能早一点，可能晚一点，比如下了班以后，还要加一会儿班，或者是等交通的高峰时段过了之后再回家，这些都属于合理时间。

对于"合理路线"的范围，举例称："下班的途中需要到菜市场买一点菜，然后再回家，而且是顺路，是不是合理的路线，是不是日常工作中所需要的活动呢？我们认为都应当包括在内。所以理解这一条规定，我们要抓住一个关键词就是'合理'。"

因此，笔者认为，上下班期间顺道买菜、接送孩子均符合上述司法解释规定情形，若发生交通事故，应认定为工伤。

12.5 职业病的认定

12.5.1 什么是职业病？

职业病，是指企业、事业单位和个体经济组织等用人单位的劳动者在职业活动中，因接触粉尘、放射性物质和其他有毒、有害物质等因素而引起的疾病。各国法律都有对职业病预防方面的规定，一般来说凡是符合法律规定的疾病就能称为职业病。

在生产劳动中，员工接触有毒化学物质、粉尘气雾、异常的气象条件、高低气压、噪声、振动、微波、X 射线、γ 射线、细菌、霉菌；长期强迫体位操作，局部组织器官持续受压等均可引起职业病，一般将这类职业病称为广义的职业病。对其中某些危害性较大，诊断标准明确，结合国情，由政府有关部门审定公布的职业病，称为狭义的职业病或称法定（规定）职业病。

企业应当组织从事接触职业病危害作业的劳动者进行职业健康检查，对需要复查和医学观察的劳动者，应当按照体检机构要求的时间，安排其复查和医学观察。对遭受或者可能遭受急性职业病危害的劳动者，应当及时组织其进行健康检查和医学观察。职业健康检查应当根据所接触的职业危害因素类别确定检查项目和检查周期,需复查时可根据复查要求相应增加检查项目。

职业病鉴定程序通常如下:

(1)申请。当事人向作出诊断的医疗卫生机构所在地政府卫生行政部门提出鉴定申请,鉴定申请需提供的材料包括:鉴定申请书、职业病诊断病历记录、诊断证明书以及鉴定委员会要求提供的其他材料。

(2)审核。职业病诊断鉴定办事机构收到当事人的鉴定申请后,要对其提供的与鉴定有关的资料进行审核,看有关材料是否齐备、有效。职业病诊断鉴定办事机构应当自收到申请资料之日起10日内完成材料审核,对材料齐全的发给受理通知书;对材料不全的,通知当事人进行补充。必要时由第三方对患者进行体检或提取相关现场证据,当事人应当按照鉴定委员会的要求,予以配合。

(3)组织鉴定。参加职业病诊断鉴定的专家,由申请鉴定的当事人在职业病诊断鉴定办事机构的主持下,以随机抽取的方式从专家库中确定,当事人也可以委托职业病诊断鉴定机构抽取专家,组成职业病鉴定委员会,鉴定委员会通过审阅鉴定资料,综合分析,作出鉴定结论。当鉴定意见不一致时,应当予以注明。

(4)鉴定书。鉴定书的内容应当包括:被鉴定人的职业接触史;作业场所监测数据和有关检查资料等一般情况;当事人对职业病诊断的主要争议以及鉴定结论和鉴定时间,鉴定书必须由所有参加鉴定的成员共同签署,并加盖鉴定委员会公章。

12.5.2 职业病的预防

为降低用工风险,有效地保护劳动者,用人单位一定要注意职业病的预防。

1. 组织管理

根据国家法律法规条例、企业生产规范和标准,结合企业具体情况,企业应有计划、有重点地开展职业卫生工作,并将职业病防治工作纳入议事日程,制定职业安全卫生管理制度、操作规程、有关职业卫生防护办法和应急救援方案。

此外，企业还要开展职业卫生的培训和宣传，加强职业卫生工作的检查，切实做到安全生产、文明生产，积极维护广大员工的合法健康权。

2. 设备技术措施

技术改造可有效防范一些职业病的发生，具体如下。

改革工艺：从企业生产工艺上改革、消除或控制生产劳动中的职业病危害因素是有效的预防措施。例如，可用低毒或无毒的原料代替有毒或高毒原料，用机械遥控操作代替人工操作等。

隔离密闭：对尘毒等有毒、有害因素的设备或作业，应采取隔离的原则，使污染源不扩散，有些设备要加强密闭，控制跑、冒、滴、漏等。

通风排毒：对于发生尘毒的工作场所，企业应设置通风装置，排除尘毒。对排除的尘毒必须净化、中和或过滤，防止周围环境被污染。有高温热辐射的工作场所要做好隔热及通风降温。一切通风设施事先应合理设计，并保持经常的维修保养。

3. 卫生保健措施

开展健康监护：为了全面掌握职工健康状况，企业必须建立职业健康监护档案。按照国家规定进行职业健康体检，早期发现职工的健康改变和职业禁忌，对健康受损害的职工要早些治疗，对有职业禁忌的职工应调离原工作岗位、予以妥善安排。这是职业卫生和预防职业病的重要手段。

加强危害因素监测：企业应当实施专人负责职业病危害因素的日常监测，制定监测管理制度，按照国家规定定期对工作场所职业病危害因素进行检测、评价，了解工作场所职业病危害程度、防护设备的效果、是否符合国家职业卫生标准。对发现的问题、超过国家职业卫生标准的岗位及隐患应制定整改计划，及时完成整改。

做好个人防护：正确使用个人防护设备是预防职业病的有效措施之一，常见有效措施包括防毒面具、防毒口罩、防护眼镜、手套等。防护皮肤损伤用的皮肤防护膏；防热辐射的防热服，在有酸、碱等腐蚀性物质处应设置冲洗设备等。在易发生急性职业中毒事故的岗位上应配备防护用具、医疗药械等。

第六篇
女员工特殊保护

第十三章
企业如何依法管理女员工"三期"休息休假?

13.1 企业可否规定孕期女员工在工作时间内产检次数和时间？

实践中，部分企业因孕期女员工进行孕检的次数太多或者因女员工违反计划生育政策，不予批准其在工作时间内请假去医院孕检，并由企业规章制度规定未经企业批准而"擅自"去医院进行孕检的，则按旷工处理；或者虽然批准孕期女员工的孕检请假，但规定如果孕检时间超过企业规定的时间，则按旷工处理。

不得不说，这些企业的上述做法违反法律规定，绝不可取！

孕期女员工在工作时间内如需进行产检的，根据原卫生部 2011 年通过的《孕产期保健工作管理办法》和《孕产期保健工作规范》之规定，孕期应当至少检查 5 次；其中孕早期至少进行 1 次，孕中期至少 2 次（建议分别在孕 16—20 周、孕 21—24 周各进行 1 次），孕晚期至少 2 次（其中至少在孕 36 周后进行 1 次），发现异常者应当酌情增加检查次数。也就是说，对孕期女员工进行孕检的最少次数，已有法律文件予以明确，并且，孕期女员工孕检的实际次数和时间还应由医院根据女员工孕期的实际情况予以确定，即按"医嘱"进行。而作为企业，是无法确定在何种状况下孕期女员工需要进行多少次的孕检以及如何进行孕检的，因此，企业单方限制或规定女员工的孕检次数是比较滑稽的。除原卫生部的上述法律文件外，有的地方，如上海、贵州、吉林等地针对孕期女员工的孕检次数予以明确，企业在对待女员工工作时间内进行孕检问题上，需遵循当地规定而为之。

至于孕期女员工在工作时间内每次孕检需要多长时间，企业亦不能或无法作出具体限制，毕竟每次孕检的项目不同、是否有临时或突发检查项目、孕期女员工去医院进行孕检是否排队等候及具体待诊情况等是无法事先精确计算的。

13.2　企业能否替女员工选择孕检医院或者待产分娩的医院？

基于确保女员工"三期"相关休息休假的请假真实性或者便于企业"三期"用工管理，有的企业通过规章制度作出类似规定：女员工孕检的或者住院待产的，应当在企业所在地的相应级别医院（如三甲医院、二甲医院等）进行；如因客观情况导致需在其他地方的相应级别医院住院待产的，应事先报经企业批准；如员工违反此类规定的，企业有权给予相应处理。也有部分企业虽未作出如此规定，但是事实上采取的是类似做法。

对于企业的类似做法，应该说，企业的"管理之手"伸得太长了。

第一，《劳动合同法》授权企业可制定企业规章制度和决定用工管理相关事项等，这也是企业用工管理自主权的当然范畴。但是，任何权利均不得滥用，企业行使用工管理权不能超过必要的界限，否则即为违法。

第二，女员工选择在哪家医院进行孕检或者确定在哪家医院生孩子，系"三期"女员工的合法权利，而女员工选择进行孕检或住院分娩的医院，无非基于几方面考虑：交通是否便利、在某医院进行孕检和住院分娩是否安全和放心、母婴建档是否困难等。企业显然无法也不能代替女员工选择孕检医院和住院分娩医院。

第三，企业指定女员工的孕检医院或分娩医院的行为，无任何法律依据，且事实上是代替女员工选择医院，而且，这种指定相应医院的行为不但限制了女员工的权利，也容易造成女员工进行孕检或分娩的困难，还有可能对女员工的生育利益造成损害，如企业指定的某医院之前已发生系列接生医疗事故等。

总之，企业对于"三期"女员工用工管理时不能任性为之，但基于用工管理目的之考虑，在孕检医院和分娩医院的选择问题上，企业可以通过引导的方式进行（而非强制指定），比如通过规章制度明确女员工如在企业指定的系列医院进行孕检或住院分娩的，则企业可以给予相应的诸如交通费报销等福利待遇；而未在企业指定的系列医院进行孕检或住院分娩的，则无上述相关福利待遇；且必须明确企业的上述引导性规定绝不是代替女员工选择孕检医院和分娩医院。此外，上述企业的引导性规定，亦需区分女员工是否符合相关生育政策。

13.3　产假的确定和计算

暂不考虑女员工是否存在难产、多胞胎生育、合法生育的奖励假问题，根据《女职工劳动保护特别规定》第七条规定，女职工生育享受 98 天产假，其中产前可以休假 15 天，即产假包含了产前休假和产后休假（含分娩日当天，下同）两部分，换言之，立法是以女职工分娩日作为判断基准来确定产前休假和产后休假的具体时间。然而，女员工的分娩日具体是哪一天无法作出精准判断，只能由医院根据孕期女员工的客观情形而确定一个大概时间，即预产期，而预产期可能与分娩日一致，也可能不一致，这为产假的确定增加了变数。

第一，女员工申请休产假的，企业须根据女员工的预产期安排或批准产假。假设女员工的预产期为 2016 年 12 月 17 日，则企业可安排或批准女员工自 2016 年 12 月 2 日起休产假，换言之，企业批准或安排的产假开始时间仍以预产期作为判断基准。

第二，产前可以休假 15 天，但该产前休假部分并非绝对天数，只能根据分娩日来具体判断产前休假部分是多于 15 天还是少于 15 天，进而判断产后休假的具体天数，即分娩日的具体时间不同，致使产前休假天数和产后休假天数均有可能成为变量。

第三，上述仅是正常状态的产假核算原则，但出现非正常状态也不是不可能，比如孕期女员工因体质或其他客观原因早产（注：非流产），在这种情况下如何确定产假开始时间，只能具体问题具体分析了。

13.4　能否提前休产假？

不少企业的 HR 向笔者咨询：公司的某女员工怀孕 7 个月了，提出申请要提前休产假，如果企业批准是否会有法律风险？

如前所述，产假特指某个时间段，只不过根据分娩日导致实际上的产前休假天数和产后休假天数相对成为变量而已。该时间段开始之前的任何休假，其法律性质均非产假。即便企业批准了女员工提前1—3个月休产假的申请，但日后女员工的生育事实一旦发生，届时企业还得另行安排法律法规所规定的产假，且因女员工已经提前休了所谓的"产假"，还容易导致工资待遇等方面的管理混乱。因此，我们不建议企业同意或批准女员工提前休产假。

当然，如因主客观情况等导致女员工在产假前的孕期内申请休假的，企业可就此问题与女员工另行协商确定，或者企业规章制度如对此类休假情形另有规定的则可从其规定，只不过此类休假的法律性质就不是产假了。

对于怀孕7个半月以上的女员工，有些地方规定可以向企业申请产前假，则企业按当地规定执行即可。但是，需特别注意的是，产前假是地方规定的休假类型，而非产假中的产前休假，二者的法律性质截然不同！此外，部分地区所规定的哺乳假（一般是产假期满后，女员工申请、单位批准，可请哺乳假，具体休假时间长短因各地规定不同而有差异），也绝非《女职工劳动保护特别规定》中所规定的哺乳时间。即用人单位应当在每天的工作时间内为哺乳期女职工安排1小时的哺乳时间；女职工生育多胞胎的，每多哺乳1个婴儿每天增加1小时哺乳时间。

13.5 怀孕女员工提出长期休假保胎，如何处理？

保胎假，是指符合计划生育规定的怀孕女职工，经医师诊断出具证明，需要保胎休息的，其假期工资可按病假工资标准发放。然而保胎假并没有法律上的明文规定，只在原国家劳动总局保险福利司《关于女职工保胎休息和病假超过六个月后生育时的待遇问题给上海市劳动局的复函》中有所指出。

原国家劳动总局保险福利司《关于女职工保胎休息和病假超过六个月后生育时的待遇问题给上海市劳动局的复函》指出：（一）女职工按计划生育怀

孕，经过医师开具证明，需要保胎休息的，其保胎休息的时间，按照本单位实行的疾病待遇的规定办理。（二）保胎休息和病假超过 6 个月后领取疾病救济费的女职工，按计划生育时可以从生育之日起停发疾病救济费，改发产假工资，并享受其它生育待遇。产假期满后仍需病休的，从产假期满之日起，继续发给疾病救济费。（三）保胎休息的女职工，产假期满后仍需病休的，其病假时间应与生育前的病假和保胎休息的时间合并计算。（四）不按计划生育怀孕的女职工，其保胎、病假休息和生育时的待遇，仍按省、市现行的有关规定办理。

根据国家劳动总局保险福利司《关于女职工保胎休息和病假超过六个月后生育时的待遇问题给上海市劳动局的复函》的相关规定，女职工按计划生育怀孕，经过医师开具证明，需要保胎休息的，其保胎休息的时间，按照本单位实行的疾病待遇的规定办理。我国目前对因年龄或特殊体质确需保胎的女员工，采取的是由单位自行比照病假的方式处理，也就是说，女员工请"保胎假"的，必须按照单位的规定提交医院证明，而请假时间的长短、工资的计算，应遵从单位的相关管理规定。

综上，作为劳动者一方的女员工，在怀孕期间享有法律规定的假期和特殊保护，但现行法律中没有"保胎假"这一说法，孕期女职工若确因特殊体质或年龄等其他原因有先兆性流产迹象需要保胎时，应以本单位的规章制度为前提，向单位提交医院证明进行请假；作为用人单位，企业也应根据《劳动法》《妇女权益保障法》的相关规定，按照医院出具的病假条对符合事实情况的孕期女职工准许"保胎假"。

13.6　陪产假及相关制度设计

【实战案例 63】

2016 年 6 月，某公司员工小赵的爱人诞下一女，喜悦之余，小赵觉得自己刚入职公司不久且正处于试用期内，不敢请假，故当时未向公司申请休陪产假。

2017年春节前小赵向公司提出了休陪产假的申请（申请自2017年2月7日至2月22日休陪产假），但公司以不符合法律法规相关规定为由，未批准其休假申请。小赵认为，休陪产假是自己的法定权利，企业必须安排，否则将去劳动监察部门投诉。

【案例分析】

陪产假，有的地方称之为"护理假"。2016年1月1日前，大部分地方对老公的陪产假并无规定，有的地方仅仅规定女员工晚育的，其老公可享受晚育护理假等。2015年12月27日修订的《人口和计划生育法》明确：合法生育子女的夫妻，可以获得延长生育假的奖励或者其他福利待遇。随后各地修订和实施的当地《人口和计划生育条例》对于夫妻合法生育的，明确规定老公可享受陪产假（至于老公陪产假的天数，各地规定存在较大区别，少则7天、多则30天，具体参见当地的《人口和计划生育条例》），比如《北京市人口和计划生育条例》明确：夫妻合法生育的，老公可享受15天的陪产假，且老公在休假期间，机关、企业事业单位、社会团体和其他组织不得降低其工资、予以辞退、与其解除劳动合同或者聘用合同。

然而，法律法规关于老公陪产假的规定仍比较简单，因此如何理解和执行陪产假规定，如何通过规章制度进行陪产假的制度设计等，则是企业不得不面对的一个现实问题。

一、陪产假的享受前提——合法生育

无论是《人口和计划生育法》，还是各地的《人口和计划生育条例》，均明确规定：女职工合法生育的，其配偶可按当地规定享受一定天数的陪产假（或护理假）。

如夫妻双方系违法生育的，则老公不能依据计生法规享受陪产假；而企业亦可拒绝男员工的陪产假申请，如其未经企业批准而擅自休陪产假的，企业可依据规章制度予以相应处理。当然，从人性化管理角度考虑，对于违法生育的，企业是否可给予男员工一定天数的陪产假，则由企业根据客观情况综合予以考虑。对于违法生育的，企业规章制度如已明确规定可给予男员工一

定天数的陪产假，则需按规章制度执行。

二、陪产假能否转给老婆休假？

2016 年 1 月 1 日前，对于晚育的女员工，各地均规定其可依法享受晚育奖励假，女员工不休晚育奖励假的，可由其配偶享受晚育奖励假。随着修订后的《人口和计划生育法》的生效和实施，晚育奖励政策已成为历史。

但是基于晚育奖励假可由夫妻双方任一方享受的认知，实践中不少人认为，如老公不休陪产假的，也可以转由老婆享受陪产假。不得不说，这种认知是基于对晚育奖励假的理解而生搬硬套至对陪产假的理解上的，显而易见是错误的。很简单，陪产假带有严格的人身属性，即老婆"产"老公"陪"。

三、陪产假可否提前休或日后补休？

陪产假基于女方合法生育而产生，系作为男方依法享受的法定休假，其立法目的是保证男方有一定的时间照料照顾生育孩子的女方。因此，男方休陪产假的时间点应围绕女方生育时间前后而进行，否则，陪产假就名不副实了。

笔者认为，如下两种情形并不符合陪产假的立法目的，企业可拒绝男员工的陪产假申请或补休申请：一是提前于老婆预产期 15 天以上甚至更早而申请陪产假；二是女方都坐完"月子"了或者孩子两三岁了，再申请休（或补休）陪产假。

为避免日后就陪产假问题而可能引发的争议，企业通过规章制度对陪产假的使用期限予以合理限制亦为必要。

关于陪产假的计算，除非当地计生法规或企业规章制度另有规定，则陪产假按自然天数计算，包含法定节假日、公休日等。

四、企业如何设计良性陪产假制度？

如上所述，法律法规关于陪产假的规定比较简单，导致员工或企业对于陪产假的理解和适用产生不少误解，进而引发系列争议。因此，企业依据现有法律法规关于陪产假的规定，依法良性设计陪产假制度则尤为必要。

我们认为，企业可从如下四个方面予以考虑或设计本企业的陪产假制度。

第一，明确陪产假的享受前提——夫妻双方合法生育（至于合法生育的条件参考当地人口和计划生育法规），同时须明确男员工申请陪产假应提交（包括休假后补交）的证明文件，包括但不限于计生部门的生育确认文件或证明、孩子出生证明等。

第二，明确丈夫陪产假的享受时间，即须围绕老婆分娩前后而一次性休完，一般可参考女员工产假之产前休假 15 天内或者分娩日作为陪产假的起始时间范围、以女员工分娩后坐月子的期限作为陪产假的截止时间比较妥当；且基于陪产假的立法目的，明确陪产假未休不补、不能提前休等。

第三，夫妻双方只要符合合法生育的法定条件，妻子预产期前后，丈夫申请休陪产假的，企业不能拒绝。虽企业未批准丈夫的陪产假，但如其基于照顾妻子而"擅自"休假的，企业亦不能以其违反请假程序为由或严重违纪为由而解除劳动合同。

当然，男员工过于提前申请陪产假（如距离预产期几十天以上）或者过于延后申请陪产假（如妻子出了"月子"或者孩子都两三岁了），且企业规章制度有明确规定的前提下，企业拒绝其申请即可。在此情形下，如果男员工擅自休假的，企业可按规章制度予以相应处理。

第四，基于人性化管理之出发点，对于违法生育或者违反生育政策生育的，如企业规章制度可给予男员工一定天数的陪产假，则除上述注意事项外，我们建议企业一是在陪产假天数上可区别于符合生育政策者的法定休假天数，二是可从工资待遇问题上另行明确休假期间的工资待遇有无或者多少。

# 第十四章
"三期"女员工的劳动合同管理

14.1 企业可对"三期"女员工调岗降薪吗?

【实战案例 64】

胡女士系某公司销售专员,因工作性质需经常往返于全国各地出差,2015年4月在其怀孕6个月左右的时候,公司认为胡女士身孕已6个月,难以适应频繁出差的工作需要,与胡女士就岗位问题协商后于2015年5月起调任其担任公司的客服专员。2016年6月胡女士发现其5月工资比4月少了近四分之一,经询问公司,人力资源部答复:销售岗和客服岗的基本工资、岗位工资、绩效工资考核标准、补贴标准等均有所区别,您的岗位已发生变化,则相对应的工资标准发生变化是正常的。胡女士认为,公司在其"三期"内不得单方降低其工资。双方因此引发争议。

【案例分析】

工作岗位和工资标准属于劳动合同的约定内容,双方应当依法全面履行各自的义务(《劳动合同法》第二十九条)。且《劳动法》《女职工劳动保护特别规定》《妇女权益保障法》等系列法律法规明确规定:企业不得降低"三期"女员工的工资标准。

"三期"女员工因其生理特点,其工作状态、工作效果等可能会与其"三期"前有所差别,不少企业基于保证工作的连续性、稳定性等的考虑,往往会采取一些合理的管理措施,而调岗便是其中比较常用的方式;亦有不少企业基于逼迫"三期"女员工辞职等恶意目的,也往往更会采用调岗、降薪的手段。因企业调整"三期"女员工岗位、降低工资等而引发的劳动争议在实践中亦不在少数。

法律法规虽对"三期"女员工采取特殊的工资保护和解雇保护制度，但并未绝对禁止女员工"三期"内的岗薪可在特殊情况下依法发生相应变动。

一、企业与"三期"女员工双方协商一致，可以调岗降薪

工作岗位和工资标准作为劳动合同的约定条款，经企业与员工协商一致是可以变更的，即女员工在"三期"内，双方亦可通过协商一致的方式调整"三期"女员工的岗位或降低工资。

一般来说，双方就薪岗变更问题达成协议后，按变更后的内容执行并无问题。但是，如双方的薪岗变更协议违反法律法规的强制性规定的，属于无效或部分无效。比如，企业在与"三期"女员工就薪岗变更问题进行协商过程中，存在欺诈、胁迫或者乘人之危情形，导致女员工与企业签订变更协议的；或者协商调整后的岗位属于"三期"女职工禁忌岗位范围。此外，经协商调整后的工资标准如远低于女员工原工资标准或者远低于同类岗位工资标准的，则有可能被认定为显失公平，女员工届时可申请撤销或变更相应协议中涉及工资调整的条款。

二、企业可否对"三期"女员工单方调岗呢？

"三期"女员工有如下法定情形之一，企业可单方调整其岗位：不能胜任工作的；患病或非因工负伤，医疗期届满不能从事原工作的；原岗位系"三期"女员工禁忌岗位的；根据医疗机构证明，孕期不能适应原劳动的。

如双方劳动合同对于"三期"女员工的岗位调整事先另有约定，则符合岗位调整的条件时，可按双方劳动合同约定的内容进行岗位调整。

非遇上述法定情形或不符合双方劳动合同约定的岗位调整条件的，企业不得擅自单方调整"三期"女员工的工作岗位，也不能以女员工怀孕、生产或哺乳为由而单方调整"三期"女员工的岗位。

上述法定情形或约定条件，是企业调岗合法合理的前提或基础。如企业在法定情形下或约定条件下单方调整"三期"女员工岗位的，则调整后的新岗位亦需满足合法合理的要求，否则，企业的调岗行为被认定为违法的法律

风险极大，企业的预期用工管理目的无法实现。

以"三期"女员工不能胜任工作而由企业单方调岗为例。首先，企业须有证据证明"三期"女员工不能胜任工作。其次，调整后的新岗位不仅需与女员工的工作能力等相适应（比如不能将员工调整至工作能力要求更高的岗位，或者不能将女员工调整至与其工作能力或技能根本不相关的岗位，等等），也得与"三期"女员工的生理特点等相适应（比如调整后的岗位不能是经常出差的岗位等），且不得违反法律法规的强制性规定（比如调整后的新岗位属于女员工"三期"禁忌岗位，或者属于夜班岗位等）。

三、企业不得单方降低"三期"女员工的工资标准

对于非"三期"员工而言，如果其不能胜任工作、医疗期届满不能从事原工作等，企业依法单方调岗的，亦可"薪随岗降"。但是，根据《女职工劳动保护特别规定》第五条规定，用人单位不得因女职工怀孕、生育、哺乳降低其工资、予以辞退、与其解除劳动或者聘用合同。因此，薪随岗降在女员工"三期"之内就不能适用了。

因女员工不能胜任工作等情形，企业可以依法对"三期"女员工调岗，但无论其岗位是否发生调整，企业均不能单方降低其"三期"内的工资标准。有人提出，《女职工劳动保护特别规定》《妇女权益保障法》等法律法规明确规定"企业不得因女职工怀孕、生育、哺乳降低其工资"，换言之，企业可以因"三期"女员工的其他原因单方降低工资，比如不胜任工作导致企业调岗的，则企业即可降低其工资标准。但我们认为，这是对法律条款的机械理解，企业不得单方降低女员工"三期"内的工资标准，已是立法和司法裁判中的基本认知，而立法对"三期"女员工特殊工资保护力度不可能随立法完善而逐渐弱化。

那么，如何理解企业不得降低女员工"三期"之内的工资标准呢？我们认为应当包括：不得单方降低女员工岗位工资、基本工资、补贴标准；不得单方降低其绩效工资考核标准或者提高业绩量致使绩效工资考核标准变相降低等；企业通过单方调整员工工资结构导致女员工"三期"内的工资标准事实上降低的，亦属于企业单方降低工资（况且，工资结构调整需由双方协商一致，

企业单方调整行为之本身即无法律依据）。

企业依法不予核发"三期"女员工相应工资的，如因女员工请事假或旷工等而不予支付缺勤期间的工资、因女员工违反计划生育政策而不予支付产假期间的工资、因女员工业绩考核等导致企业按考核结果核发绩效工资的情况等，则不属于企业单方降低工资范畴。

当然，企业虽然在女职工"三期"之内不得单方降低其工资，但如上所述，双方可以通过协商方式调整女员工"三期"内的工资标准。此外，企业亦可在书面调岗通知中明确：女员工"三期"届满后的合理期限内，被调岗的女员工之工资标准按调整后的新岗位之工资标准执行。

14.2　企业可否解除"三期"女员工的劳动合同？

【实战案例 65】

针对违纪员工的处理，某公司的《员工手册》规定：销售人员连续两个月销售指标未达标者，予以警告；当月连续或累计迟到或早退 2 次以上的，予以警告；员工在当年内连续或累计三次被予以警告处理者，公司可以解除劳动合同。此外，公司的业绩考核制度亦规定：女员工怀孕和处于哺乳期的，完成正常考核标准的 80% 即为达标。

经公司按孕期女员工的考核标准对张某考核，其 2016 年 3—4 月的销售业绩未达标，公司对其警告一次，同时对张某提出业绩改进提示，张某表示接受。2016 年 5—6 月张某的销售业绩亦未达标，公司再次予以警告一次。2016 年 5 月，张某因迟到 2 次而被公司警告一次。2016 年 9 月公司以张某当年已受到三次警告处理为由而解除劳动合同。此案经当地劳动人事争议仲裁委员会审理，裁决公司系违法解除劳动合同。

【案例分析】

本案之审理结果，让不少企业和 HR 朋友都觉得公司比较"冤"，认为张某虽然怀孕，但 2016 年被公司予以 3 次警告处理，已符合公司《员工手册》规定的可以解除劳动合同的情形，因此，公司以张某严重违反企业规章制度为由而解除劳动合同并无违法之处。

然而，笔者却认为裁决机构认定公司系违法解除劳动合同合理合法。原因在于公司不但混淆了不胜任工作和严重违纪的界限，且将不胜任工作按违纪予以处理，进而错误适用违纪累进处理制而解除双方的劳动合同。

不胜任工作和严重违反企业规章制度，是企业可解除劳动合同的法定事由，但两者的解除程序和法律后果截然不同：按《劳动合同法》第四十条规定，员工不能胜任工作的，企业应当先予调岗或者培训，调岗或培训后员工仍然不胜任工作的，方可提前 30 日书面通知员工解除劳动合同或者支付 1 个月工资，还应依法向员工支付经济补偿金；员工违纪行为达到企业规章制度所确定的可解除劳动合同的情形时，企业即可按《劳动合同法》第三十九条规定解除劳动合同，且无须支付经济补偿金。

员工无论是轻微违纪、较严重违纪还是严重违纪，企业依据其依法制定的规章制度或规定给予诸如警告，甚至解除劳动合同处理，并无不妥。本案中张某因迟到或早退被给予警告即属于这种情况。但是，无论从哪个角度来分析，员工不胜任工作与违纪都没有关系，哪怕是轻微违纪或一般违纪，企业不能因员工不胜任工作就予以诸如警告等违纪处理，这属于错误适用管理措施！员工不胜任工作的，企业的做法应是调岗或培训（当然，企业对员工进行业绩改进提示以促使员工认知其不胜任工作的原因，也是企业管理实务中比较常用的管理手段。但是，在涉及对不胜任工作员工的劳动合同解除问题上，企业的业绩改进提示绝不能代替调岗或培训，否则，企业因员工不胜任工作而解除劳动合同的，仍属于违法解除劳动合同）。

由此可见，在本案例中，张某仅符合一次可以被警告处理的违纪情形，根本达不到可因严重违反规章制度而被解除劳动合同的程度。即便从员工不胜任工作角度考虑劳动合同的解除问题，因张某的情况比较特殊，属于"三期"女员工，企业不得因员工不胜任工作而解除劳动合同。所以，公司被裁决机构认定为违法解除劳动合同便是很自然的了。

《劳动合同法》《女职工劳动保护特别规定》等法律法规对"三期"女员

工持特殊保护的立法态度，即非因协商一致或非遇法定情形，企业不得解除"三期"女员工的劳动合同。具体而言，在涉及"三期"女员工劳动合同解除问题上，需把握如下几点：

第一，"三期"女员工即便符合《劳动合同法》所规定的劳动合同解除情形，企业也不能因此而解除双方劳动合同。

第二，经双方协商一致，可以解除"三期"女员工的劳动合同，企业与员工应当通过解除协议等方式予以明确。但就解除劳动合同的协商过程中，企业存在欺诈、胁迫或乘人之危等情形的，双方签订的劳动合同解除协议无效。

第三，"三期"女员工存在《劳动合同法》第三十九条规定情形之一的，比如严重违反企业规章制度、在试用期被证明不符合录用条件、被依法追究刑事责任、严重失职并给企业造成重大损害的等，企业可以解除劳动合同，并无经济补偿金。

第四，女员工违反计划生育政策的，企业是否可以解除劳动合同，各地区别较大。

总之，对于"三期"女员工的解雇问题，笔者有如下建议。

第一，应纠正一个认知误区，即企业绝对不能解除"三期"女员工的劳动合同。换言之，"三期"女员工的劳动合同可以解除，但需符合法律法规规定的解除程序和条件而依法进行。

第二，"三期"女员工的违纪情形如与考勤管理相关的，则企业处理时需慎重为之！比如，有的企业规定：未请假或者无正当理由而缺勤的，按旷工处理。如孕期女员工恰恰出现企业规章规定的此类情形时，企业处理务必慎重，应经详细调查核实，毕竟孕期女员工缺勤可能存在多种原因，比如身体不适但未来得及请假、临时出现孕期突发状况而去医院检查等，在这种情况下如企业对孕期女员工按旷工处理，则实践中一般认定为违法。

第三，针对"三期"女员工的生理特点等，建议企业可适当变更管理措施以适应"三期"女员工的特点，比如本案中公司对于孕期和哺乳期女员工的绩效考核制度即为值得称赞的管理措施。

14.3 "三期"内女员工合同期满顺延未签订合同是否需支付双倍工资？

【实战案例 66】

2013年10月8日，女职工小田被某公司录用，双方订立了期限自2013年10月8日至2015年10月7日的劳动合同。2015年8月小田怀孕后，双方劳动合同继续履行至期满2015年10月7日。《劳动合同法》规定，女职工在孕期、产期、哺乳期的，劳动合同期满后，应当延续到相应的情形消失时终止。某公司按照规定对小田的劳动合同进行延续，但双方未对期满后的劳动合同进行续订。

2016年3月底，因工作问题，小田与某公司产生矛盾，遂主动提出终止劳动合同关系，要求某公司支付未订立劳动合同二倍工资。被某公司拒绝后，小田向当地劳动人事争议仲裁委员会提出申请，要求某公司支付合同期满后至2016年3月未订立劳动合同二倍工资1.5万元。

【案例分析】

在调解不成的情形下，仲裁委依法驳回小田的请求。仲裁委认为：根据《劳动合同法》第四十五条规定，女职工在孕期、产期、哺乳期的，劳动合同应当延续至相应的情形消失时终止，当事人双方无须续订劳动合同，而是依照法律规定当然延长。因此，女职工在孕期、产期、哺乳期，劳动合同期满，用人单位超过1个月未续订劳动合同的，主张未及时签订劳动合同的二倍工资，不能得到支持。

【操作建议】

女员工处于孕期、产期或哺乳期时劳动合同期满，根据《劳动合同法》第四十五条规定，劳动合同期满，女职工在孕期、产期、哺乳期的，劳动合同应当续延至相应的情形消失时终止。此种情形称为劳动合同法定顺延，用人单位只需提前通知劳动者劳动合同顺延至其"三期"情形消失时终止即可，不一定必须采取与劳动者签订一份书面劳动合同的形式。但是为了预防上述争议情形的出现，建议企业可以在劳动合同到期时向员工送达一份书面通知或决定，告知其劳动合同因"三期"而顺延至其法定情形消失时结束，并要求员工在书面通知上签收确认。当然企业也可以与"三期"女员工续签一份"三期"法定顺延期间的劳动合同，在劳动合同中明确说明员工在"三期"期间可以享受的假期、待遇，劳动合同起止的日期等。

第七篇
员工违纪处理

第十五章
制度中常见的员工违纪行为处理设计

很多企业在涉及员工违纪处罚的内容中，经常会出现一些有争议或感觉不合适的规定，归纳起来，主要有这么几类：

罚款。如员工旷工的，除计扣旷工期间的工资外，另行按日工资的50%—100%予以罚款。

待岗。员工违反本规定，但不足以给予解除劳动合同的处理的，企业有权安排待岗。

调岗或降薪。员工遇有下列违纪违规情形之一，企业有权调整岗位并给予降薪处理。

视为自动离职。员工无正当理由未到岗工作3日以上的或者连续旷工3日以上的，视为自动离职。

开除或除名、记大过等，具体情形不再一一列举。

那么对于员工的违纪违章违规行为等（以下简称违纪），企业可依法制定规章制度设定相应处理措施。根据《劳动合同法》第三十九条规定，员工严重违反企业规章制度的，企业可以解除劳动合同。但是，员工的违纪行为类型多样，且即便是同类违纪行为，其情节或程度也存在不同，因此设定与员工违纪情形或违纪程度相适应的处理措施是企业用工管理之必然的客观要求。

1982年4月10日国务院公布和实施的《企业职工奖惩条例》（已失效）明确，全民所有制企业和城镇集体所有制企业对于违纪职工，可以给予行政处分或经济处罚，其中，行政处分包括：警告、记过、记大过、降级、撤职、留用察看、开除，经济处罚即罚款。此外，对员工连续旷工的，可以给予除名处理。虽然该条例的适用对象系全民所有制企业和城镇集体所有制企业，但事实上其他类型的企业如民营企业也在参照适用。可以说在长达近26年的时间里该条例成为众多企业处理违纪员工的"法宝"。直至2008年1月15日，《企业职工奖惩条例》被《国务院关于废止部分行政法规的决定》予以废止。

《企业职工奖惩条例》废止后，在企业用工管理实务中，除对严重违纪的员工可以解除劳动合同外，对于员工的一般违纪（轻微违纪）或较严重违纪等未达到可解除劳动合同程度的违纪行为，企业设定的违纪处理措施可谓五花八门，罚款、待岗、降薪、视为自动离职、开除或除名、记过或记大过等。

15.1 企业能否设定罚款？

在《劳动合同法》的立法环境下，企业还可否通过规章制度规定对违纪员工予以罚款呢？

支持方认为："法无禁止可为之"，虽《企业职工奖惩条例》已废止，但《劳动法》《劳动合同法》等法律法规并未禁止企业罚款，且部分地方（如河北）发布的工资支付规定已明确企业可以对员工实施罚款；罚款作为企业实施用工管理的必要措施，事实证明也是一种行之有效的管理手段；当然，罚款需由企业依法通过规章制度明确，且须合理。

反对方认为："法无禁止可为之"系私法领域的一项原则，但劳动法既非私法领域也非公法范畴，而系社会法的家族成员，将该私法原则无条件适用于社会法领域，失之偏颇。第一，企业应当根据法律的授权与否而确定可否在企业规章制度中设定罚款措施，现行法律法规未授权企业可对员工进行罚款。第二，罚款系对员工经济利益的剥夺，符合公权力性质，依据行政处罚法等法律法规，罚款权只能由法律、行政法规、地方性法规等予以设定，也只能由行政机关行使。企业非立法机关，企业规章非行政处罚法所规定的立法文件，企业也非拥有行政处罚权的行政机关。第三，部分地区已明确禁止企业对员工进行罚款，否则将承担相应法律责任。第四，企业无罚款权，不意味着不能对员工采取经济管理手段，比如复合制工资结构、工作考核与浮动工资制度等，且如员工因故意或重大过失对企业造成经济损失的，企业才可以要求员工承担赔偿责任。

实践中，与上述争议相适应，因企业对违纪员工进行罚款而导致的劳动争议，也存在两类相反的裁判。

我们认为，企业在规章制度中能否设定罚款权，须结合当地规定及裁判思路而慎重为之！在当地规定或裁判思路不明确的前提下，坚决不予设定罚款措施。具体而言：

第一，从企业角度来说，罚款的确是有效的企业员工管理措施之一，但并非"万能"措施。单一直接的"以罚代管"很容易导致劳动争议的产生，被罚款的员工虽然有可能不会发声，但事实上极为反感，这样一来最后导致的结果可能反而与企业的用工管理之初衷背道而驰。

第二，即便企业通过民主程序制定并公示的规章制度明确规定了对违纪员工可以罚款，但根据《劳动合同法》第三十八条第一款第（四）项明确规定，企业的规章制度违反法律法规的规定，损害劳动者权益的，员工可解除劳动合同并主张经济补偿金。

第三，企业完全可以采取其他管理措施以实现用工管理目的，以杜绝或减少员工违纪现象，比如：考核制度（非指绩效考核）与员工的利益挂钩，确定员工的每月浮动性工资，并将违纪情形纳入考核因素；针对员工考勤违纪行为，则设置全勤奖制度，并辅以警告、违纪累进处理制等；针对一定周期内的违纪情形，通过季度奖、年终奖考核制度等予以考核；如员工违纪的，可不予或延迟涨薪、升职等。企业如"以利诱导"代替"以罚代管"，往往更容易达到预期管理的目的。当然，这需要企业另行制定适合管理目的和客观需求的薪酬制度和考核制度。

第四，因员工责任（包括严重违纪等）导致企业损失产生的，依据《工资支付暂行规定》第十六条规定，企业可追究其承担赔偿责任，即可按照劳动合同的约定要求其赔偿经济损失，可从员工本人的工资中扣除。但是，每月扣除的部分不得超过员工当月工资的20%，且扣除后的剩余工资部分不得低于当地最低工资标准。

第五，罚款不等于企业可依法计扣工资。除法律法规规定可以由企业依法代扣员工工资（如代扣代缴社会保险、个人所得税等）外，对于违纪的员工，企业可根据规章制度计扣工资，比如员工旷工、迟到、早退等。缺勤的，企业可计扣员工缺勤期间的工资，但不能超过缺勤期间所对应的工资数额比例。

15.2 员工违纪，企业可否调岗或降薪？

根据《劳动合同法》第二十九条规定，企业与员工签订劳动合同后，应当按约定依法全面履行各自的义务。而调岗（或降薪）属于变更劳动合同，则企业须依法(《劳动合同法》第二十九条、第三十五条、第四十条规定)进行。企业与员工协商一致，可以调岗或降薪；在法定情形下，如员工不胜任工作或者医疗期届满而不能从事原工作的，依据法律授权，企业可单方调整员工的岗位。至于是否可薪随岗降，具体参见本书中薪随岗降的相关内容。

调岗、降薪作为企业的用工管理措施之一，法律法规已明确其法律性质和适用前提，企业须依法进行，而不能任意为之。笔者认为调岗、降薪不能作为企业对违纪员工的处理措施。

第一，既然调岗、降薪是劳动合同的变更范畴，则企业将调岗或降薪作为对违纪员工的处理措施，无任何法律依据。

第二，《企业职工奖惩条例》中关于企业对违纪员工可予降级、撤职等行政处分的规定，已成为历史，亦不得再作为处理员工的法律依据。

第三，企业对违纪员工进行调岗或降薪，混淆了不胜任工作和违纪的界限，在此认知前提下，也导致了用工管理措施的设定错误和适用混乱。

15.3 对违纪员工可以进行"待岗"处理吗？

待岗是特殊历史时期的产物，是妥善安置国有企业富余职工的一种方式。

根据原劳动部《关于实行劳动合同制度若干问题的通知》第八条规定，用人单位与本单位富余人员签订劳动合同，对待岗或放长假的应当变更劳动合同相关内容，并就有关内容协商签订专项协议。

结合涉及待岗制度的相关法律文件，不难看出，待岗所针对的是岗位本身，其本质上也是劳动合同的变更范畴。因此，待岗并非企业对违纪员工的处理措施或手段，如企业规章制定规定对违纪员工可予待岗处理，可能会导致企业承担不利后果，实践中因企业对违纪员工安排待岗而招致败诉的案例并不少见。

15.4　对违纪员工可以开除或除名处理吗？

开除或除名系行政处分或行政处理方式，其本质上均导致劳动合同的解除。如果员工严重违纪，企业应依据《劳动法》第二十五条、《劳动合同法》第三十九条等相关规定予以解除劳动合同，而不能以开除和除名作为处理方式。

15.5　自动离职

对于员工不辞而别或者超过一定时间不到企业工作等情形，不少企业的规章制度基本均明确将其规定，视为自动离职或按自动离职处理。

自动离职是一种事实状态，其本身并非解除劳动合同的方式，因此企业如果仅仅认为视为自动离职就是解除了双方劳动合同，这是误解。换言之，对于员工的自动离职之处理，企业仍需依据《劳动合同法》第三十九条规定书面通知员工解除劳动合同。

为避免因处理自动离职问题而可能引发的用工管理之法律风险，我们建议：

第一，将自动离职的具体表现情形，由企业规章制度明确为旷工，并规定员工旷工一定天数以上，企业可按严重违纪处理即解除劳动合同，且无经济补偿金。

第二，在作出和送达解除劳动合同处理决定前，建议企业先行书面告知员工如在限期内不回岗工作，企业将按规章制度予以处理；同时注意收集相关证据，以确定员工的旷工事实。

第三，制作解除劳动合同通知书并向员工送达，以解除双方劳动合同。否则，企业如对此类违纪情形不予处理的话，将可能导致劳动关系中止履行的发生，从而给企业留下一个不小的麻烦"尾巴"。

15.6 警告、记过、记大过

警告，即行政处分措施，也是行政处罚措施，亦是党纪处分措施，其使用范围较广。而且，在日常生活中，警告之术语亦比较常见。企业将警告作为对违纪员工的处理措施，我们认为并无不妥。

至于记过、记大过，应该说行政处分色彩过于浓厚，如学校依据教育法授权亦可对违纪学生予以记过或记大过。所以，企业在规章中忌用记过或记大过可能更为妥当一些。

15.7 企业解除严重违纪员工的劳动合同时应规范用语

对于严重违纪员工，企业按规章制度规定予以辞退并向员工送达辞退通知书，这似乎并无问题。然而，辞退是事业单位、社会团体解除其工作人员的人事关系或聘用合同而适用的管理措施，企业显然不是适用辞退的合格主体。实践中已出现企业在解除劳动合同时因使用辞退术语而导致尴尬后果产生的案例。

综上，我们建议企业在规章制度中设定对于严重违纪的处理措施和适用该处理措施时，使用规范的术语。

15.8 处理措施的级别分类和违纪累进处理

因员工的违纪情形不同、违纪程度不同，企业规章往往设定了相对应的处理措施。一般来说，三级处理措施，即警告、记过、解除劳动合同较为常用。亦有采用四级、五级处理措施的情况。

企业设置违纪处理措施时，应从操作角度予以考虑，处理措施的级别设置过多，并不便于企业的实务操作。两级制，即警告、解除劳动合同则更便于实务操作，再结合或辅以违纪累进处理制，基本上可适应企业对违纪员工的用工管理需求。

违纪累进处理，即根据员工因违纪而受到处理的次数等，而升格高一级的处理措施，一般来说，对于同类违纪行为，升格的次数或条件可能较少。而对于非同类违纪行为，升格的次数或条件可能稍多一些。例如，前者，员工一年之内因旷工、迟到或早退，被予以3次警告处理的，企业可解除劳动合同。而后者，员工因不同违纪情形，一年之内被予以4次警告处理的，企业可解除劳动合同。

综上，企业在设定和适用违纪处理措施时，须注意如下六点。

第一，设定违纪处理措施需依据法律法规的相关规定而为之，且对于实务中存在争议的违纪处理措施（比如罚款），采取保守做法即不予设定。

第二，关于违纪情形的设定，其一，细化员工的具体违纪情形，而不能采取笼统的表达方式，最典型的如员工消极怠工的，企业可解除劳动合同，但是何种情形是消极怠工无具体规定。其二，各类违纪情形之间存在冲突或者类似时，需详细定义。比如对于餐饮行业、食品企业，"偷拿"和"偷吃"不应混为一谈，否则，员工一旦出现类似情形，如何定性员工行为则是麻烦事儿。实践中已出现类似案例，某食品企业的员工偷吃了一包饼干，但企业规章对此类行为无准确定性，最后只能以员工存在盗窃行为而解除劳动合同。但"偷吃"和"盗窃"是无法直接画等号的，因此该企业最终被裁决机构认定为违法解除劳动合同。而某饭店员工因偷吃苹果而被解除劳动合同，饭店则获得裁判支持，原因在于该饭店的规章制度明确界定了"偷吃"和"偷拿"的情形。其三，应区分违纪与不胜任工作、严重失职，否则将招致相应法律风险，比如将不胜任工作作为违纪情形并予以违纪处理就是典型的事例。其四，不得违反法律法规的强制性规定，比如某企业规定员工入职之日起2年内怀孕的按严重违纪处理，等等。

第三，涉及违纪情形与违纪处理措施的关系问题上，一是切勿让企业自己做选择题，比如某企业规定员工在工作期间饮酒的，企业可给予警告、记过、解除劳动合同等处理，但是在何种情形下给予何种具体处理并无规定。假设员工工作期间饮酒，则企业采取的处理措施是单选、双选，还是不定选呢？二是须把握合理要求，比如员工上班瞌睡被"炒"的案例。员工上班期间瞌睡5分钟，企业即按规章制度给予解除劳动合同的处理。但该做法被裁决机构认定为违法解除劳动合同。如何判断合理与否，需具体问题具体分析。以吸烟为例，某企业规定员工在办公场所吸烟一次可解除劳动合同。对于一般企业而言，此类规定过于苛刻。但对于易燃易爆企业而言，则是无任何问题的。简单来说，企业规章制度的合理性系合法性的深层次要求，需由企业结合自身所处的行业特点等而予以综合考虑。

第四，违纪处理措施系涉及员工切身利益的重大事项，企业制定涉及违纪处理措施的规章制度时，需遵守民主程序制定、内容合法合理、向员工公示的法律要求，否则，对员工不产生任何法律效力。

第五，员工违纪的，企业需及时处理。比如对于员工严重违纪的，企业在3个月内解除劳动合同比较合适。部分地方对于企业应在什么时间范围内作出员工违纪处理决定已有明确规定，具体参见当地规定即可。

第六，注意及时收集和固定员工违纪的相关证据。因员工违纪的具体情形不同，则证据种类和企业取证方式也存在差异，我们不再一一讨论。实践中比较典型的如实行电子考勤的企业就证明员工旷工、已休年休假等而提交的考勤记录，一般难以得到涉诉员工和裁决机构的认可。反之，如果企业将电子考勤记录以纸面方式打印后并由员工签字确认的，则更具证据效力。

15.9 关于对代通知金的理解和适用

【实战案例67】

2014年11月，某广告公司聘用王某担任设计部总监，双方签订劳动合同至2018年10月，月薪人民币18000元。

王某入职广告公司以来，其所主持设计的系列广告方案好评如潮。但是王某恃才自傲，与同事之间关系也并不融洽，用同事的话说，王某情商偏低，且不少老客户也经常反映王某在工作中比较霸道。针对王某的工作方式以及与同事关系等问题，公司与其多次沟通，但效果甚微。从2015年2月起，王某则更是因工作问题与主管设计部的副总、其他部门总监和一些同事连续发生激烈冲突。

基于长时间积累的矛盾，设计部同事和其他十几位经常与王某工作接触和业务配合的公司员工集体向公司提出已无法继续容忍王某。广告公司高层慎重考虑后，与王某沟通劝其离职未果，广告公司于2015年5月底书面通知王某：鉴于您在公司的工作表现，公司认为双方继续合作系对双方的伤害，均不利于各自的良性发展。因此，2015年6月1日解除您与公司签订的劳动合同，公司依法支付您经济补偿。并请您收到本通知后，按公司要求办理离职交接手续。

2015年6月，王某申请劳动仲裁，要求广告公司支付违法解除劳动合同的赔偿金人民币36000元、未提前30日书面通知解除劳动合同的代通知金人民币18000元。此案经劳动争议仲裁委员会审理，认定广告公司系违法解除劳动合同，裁决广告公司向王某支付违法解除劳动合同的赔偿金，但驳回王某要求公司支付1个月工资代通知金的请求。

【案例分析】

本案中，广告公司系违法解除与王某的劳动合同并无争议。但是裁决机构不予支持王某的代通知金请求，许多人可能不解，理由是企业未提前30日通知员工解除劳动合同，则应当支付1个月工资的代通知金。实践中亦有不少企业认为只要向员工支付1个月工资的代通知金，企业就可以解除劳动合同。企业终止固定期限劳动合同未提前30日书面通知，也应向员工支付1个月工资的代通知金。

自《劳动合同法》实施至今，代通知金制度不应该被误解或被误导。但实践中对于代通知金存在误解的大有人在。那么，如何正确理解和适用代通知金制度呢？

代通知金，即我们平时常说的"N+1"补偿方案中的"1"，依据《劳动合同法》第四十条规定，企业在法定情形下解除员工劳动合同，如未提前 30 日书面通知员工，则应以支付 1 个月的工资作为该 30 日通知期的替代。

第一，代通知金的适用前提系企业在法定情形下合法解除劳动合同且未提前 30 日书面通知员工。

《劳动合同法》第四十条规定：有下列情形之一的，用人单位提前三十日以书面形式通知劳动者本人或者额外支付劳动者一个月工资后，可以解除劳动合同：

（一）劳动者患病或者非因工负伤，在规定的医疗期满后不能从事原工作，也不能从事由用人单位另行安排的工作的；

（二）劳动者不能胜任工作，经过培训或者调整工作岗位，仍不能胜任工作的；

（三）劳动合同订立时所依据的客观情况发生重大变化，致使劳动合同无法履行，经用人单位与劳动者协商，未能就变更劳动合同内容达成协议的。

企业在上述法定情形下合法解除劳动合同，但未提前 30 日书面通知员工的，除应依法向员工支付经济补偿金外，还须支付 1 个月工资作为代通知金。

如果企业已提前 30 日书面通知员工解除劳动合同，但员工认为自己可立即离职或者可提前离职，企业是否还得支付 1 个月工资的代通知金呢？支付代通知金是企业的法定义务，对于员工来说则是法定权利，而权利是可以放弃的，该放弃行为并不违反法律法规之规定。为避免员工提前离职之后就代通知金问题再行向企业主张，建议双方可就提前离职问题通过协商文件或类似文件予以确定，以明确系员工主动放弃代通知金。

第二，企业违法解除劳动合同的，员工要求代通知金无法律依据。

《劳动合同法》对企业解除劳动合同的条件、程序等予以明确规定，企业解除劳动合同需依法为之，否则即构成违法解除。因此，即便员工存在不胜任工作、医疗期届满后不能从事原工作或者存在劳动合同订立时所依据的客观情况发生重大变化等情形，企业未按法律法规规定的程序、条件而直接解除劳动合同的，照样构成违法解除劳动合同。例如，针对员工不胜任工作的，企业无证据证明或者虽有证据证明员工不胜任工作，但未对其培训或者未调整工作岗位就直接解除劳动合同，等等。至于实践中不少企业认为只要向员工支付1个月工资的代通知金就可以解除劳动合同的做法则更不可取，这种做法忽视和违反法律法规关于解除劳动合同的条件和程序等。

企业违法解除劳动合同的法律后果则是应按员工的选择来支付赔偿金或者继续履行劳动合同，即对于企业违法解除劳动合同，《劳动合同法》并未将代通知金与赔偿金或继续履行劳动合同予以捆绑或打包。因此，员工除向企业主张违法解除劳动合同的"2N"赔偿金外，要求支付代通知金无法律依据，本案即是如此，至于实践中员工要求企业应支付"2（N+1）"的赔偿则更是无任何法律依据。

第三，企业终止固定期限劳动合同未提前30日书面通知员工，依据地方规定应给予的赔偿金，其法律性质并非代通知金。

部分地区如北京规定：企业未提前通知终止劳动合同的，每延迟通知1天则以员工上月日平均工资为标准向员工支付1天工资的赔偿金。如上所述，除符合《劳动合同法》第四十条规定而合法解除劳动合同但企业未提前30日书面通知员工的情形外，代通知金无任何适用前提，因此，不能想当然地认为北京规定的该赔偿金即为代通知金。

第四，如双方协商解除劳动合同，在解除协议中明确企业多支付1个月工资的所谓"代通知金"，这种情形仍不属于法律法规所规定的代通知金，其性质应属于企业另行多支付的经济补偿金范畴。

第五，代通知金的标准如何确定。

依据《劳动合同法实施条例》第二十条规定，企业依照《劳动合同法》第四十条选择以支付1个月工资的代通知金方式解除劳动合同的，该代通知金应当按照该员工上一个月的工资标准确定。而该"上一个月"应为双方劳动合同解除当月的上一个月。

员工的工资标准无明显浮动的或无较大变化的，则按上述规定确定代通知金的计算标准基本上无争议，但实践中有例外情况。比如某企业的某销售专员，因不胜任工作，经培训后仍不胜任工作，企业以此为由于解除劳动合同时未提前30日书面通知该销售专员，则应依法向其支付1个月工资的代通知金，且应当以其4月的工资作为代通知金的计算标准。然而，该员工4月获得的提成比以往任何一个月都高很多，如仍以该月的工资标准作为代通知金的支付标准，对于企业而言则未免不公平。反之，对员工而言未免不公平。对于此类情形，有的地区予以特别化处理，如上海明确规定：《劳动合同法实施条例》规定"代通知金"的支付标准，应当以上个月的工资标准确定，但只以该单月的工资为准，可能过高或过低，既有可能对用人单位不利，也有可能对劳动者不利，从整体上看不利于促进和形成和谐稳定的劳动关系。所以，结合《劳动法》和《劳动合同法》的立法精神，上个月的工资标准，应当是劳动者的正常工资标准。如其上个月工资不能反映正常工资水平的，可按解除劳动合同之前劳动者十二个月的平均工资确认。

第十六章
常见的一些违纪行为处理

16.1　企业对违纪员工采取处理措施时，切勿侵权

【实战案例 68】

赵某是某公司财务人员，公司财务审核时发现 2016 年 10 月 7 日，赵某挪用公司款项 1 次，数额 3000 余元，但已于公司财务审核前半月左右返还公司；2016 年 8—11 月，赵某虚假报销共计 5 次，每次数额均不大，最多的一次计 500 余元。除上述情形外，赵某还存在其他违反公司财会规章的行为，如未将业务款及时入账等。就赵某挪用公司款项和虚假报销问题，公司向公安机关报案后，因未达到立案标准而未予立案。2016 年 12 月中旬公司与赵某谈话，在事实面前，赵某认可公司的调查结果，后公司于 2016 年 12 月下旬以赵某严重违反企业规章制度为由而解除双方劳动合同，并按公司《关于员工违纪处理的公告规定》在公司内网公布了赵某的违纪事实和公司处理结论。赵某虽然认可公司的处理决定，但认为公司擅自公布其违纪事实和处理结论系侵害其名誉权。

【案例分析】

针对员工违反规章制度、劳动纪律等行为，比如旷工、在办公场所酗酒或打架斗殴、偷盗公司财产、对女同事实施性骚扰等违纪违规行为，企业可以依法制定规章制度，甚至解除劳动合同。此外，基于警示、告诫的管理目的，一些企业往往会对违纪员工的违纪事实和处理决定予以公告，比如在办公场所张贴处理决定、会议通报、企业内网公告等。

本案中，赵某严重违反公司规章制度，公司给予解除劳动合同处理符合

《劳动合同法》之相关规定。但是，公司是否可以公告赵某的违纪事实和处理结论、是否因此侵犯了赵某的名誉权呢？

名誉，是社会对某公民的品德、信誉、才能等方面的综合评价。根据《民法典》等相关法律规定，公民享有名誉权，公民的人格尊严受法律保护，禁止用侮辱、诽谤等方式损害他人名誉……侵犯他人名誉权的，应当依法承担包括停止侵权、消除影响、恢复名誉、赔礼道歉、赔偿损失等法律责任；构成犯罪的，应当依法承担刑事责任。而判断是否侵害了他人的名誉权，则须考虑四个因素：一是行为人主观上是否有对受害人的名誉进行毁损的恶意；二是行为人是否有损害他人名誉的行为，如捏造事实或散布虚假事实，以书面或者口头形式侮辱或诽谤他人，未经他人同意而擅自公布他人的隐私材料或以书面、口头形式宣扬他人隐私等；三是受害人是否有名誉受到损害的事实；四是行为人的侵权行为与他人名誉损害后果之间有无直接因果关系。

基于上述分析，似乎可以得出本案中公司公告赵某的违纪事实和处理结论已对赵某的名誉权造成侵害。实则不然，公司的公告并未侵犯赵某的名誉权。

第一，赵某的行为属于严重违纪，且赵某认可公司对其违纪事实的调查结论，公司依据规章制度予以解除劳动合同的处理，即赵某的严重违纪和公司的处理决定均是客观事实。

第二，公司公告赵某的调查结果和处理决定时，并未夸大、虚构、捏造等，更牵扯不上公开或散布赵某的隐私。

第三，公司并无侵害赵某名誉权的恶意，其目的并非"搞臭"赵某，而是基于以儆效尤之用工管理目的而公告。

第四，公司公告系在公司内网上进行，即公告的范围限于公司员工，并未超出合理的范围，这也符合公司以儆效尤的用工管理目的，对公司其他员工来说的确也起到了警示作用。

对于员工违纪，企业可以公告其违纪事实和处理决定，这亦是企业用工管理自主权的应有体现。但是，企业在用工管理过程中，不得滥用该权利，也不得违反法律法规的强制性规定和禁止性规定。否则，一旦突破权利界限，"栽跟头"是必然的。

企业在公告员工违纪事实和处理决定时，需慎重考虑如下四个因素。

第一，处理员工违纪行为，须有可违之纪，即企业须通过规章制度明确员工的哪些行为属于违纪，并明确具体的处理措施是什么（对员工的违纪事实和处理决定予以公告，其本身也是涉及员工切身利益的企业用工管理措施之一），以避免日后因处理违纪员工和进行公告陷入无章可循的尴尬和风险。而涉及员工切身利益的规章制度应当依据《劳动合同法》第四条之规定通过民主程序制定，且内容合理合法，亦需向员工公示。

第二，员工违纪事实是否存在，企业应慎重进行翔实调查，并注意保留相关证据。否则，一旦员工违纪事实不成立或者企业无证据证明或者证据不充分等，但企业予以诸如解除劳动合同处理并予以公告的话，则企业除承担违法解除劳动合同的法律后果外，还将因员工的主张而承担名誉侵权责任。

第三，对员工的违纪事实和处理决定作出的企业公告，需客观真实描述（不建议过于细节化处理），注意使用严谨、规范的用语等。须特别注意的是，公告中切忌出现如下情形：添油加醋式公告，如夸大员工的违纪事实等；画蛇添足式公告，如在公告中增加违纪员工的家庭住址、电话等涉及员工隐私的内容，或者将员工之前已被处理过的违纪行为列入本次公告；对员工进行道德评价或作风评价，如使用道德败坏、屡教不改等；超越用工管理权的公告，如将员工的违纪行为定性为违法或犯罪，甚至使用"通缉令"。如此一来，企业公告反而多此一举，进而涉嫌名誉侵权。当然，如企业对于员工违纪事实无法准确描述的或者涉及员工隐私的，我们建议企业只公告对员工的处理决定即可。

第四，基于"以儆效尤"之用工管理目的，企业须注意公告的途径和范围，不能无原则地扩大化。实践中出现过在互联网上进行公告、向公司所有客户予以通报等情形，可想而知，最终结果对企业来说则是非常不利的。在企业内部进行公告时，建议企业也应区别对待，即根据员工的具体违纪情形和处理结论不同，区分是否需要公告、在什么范围内进行公告，进而分别选择公告范围，如在企业中高层范围内公告、员工所在部门内部公告、企业全员范围内公告等。至于公告的方式，企业可根据不同的客观情况而选择恰当的方式，如在办公场所张贴公告、会议通报、内网公布等。还要考虑公告的时限范围，一是要求企业需依据规章制度所确定的员工违纪公告要求，在员工违纪处理决定作出之日起的合理期限内予以公告，一旦超出该合理期限，则企业公告的目的就很难证明是合理的了；二是采取内网公布、张贴公告等方式予以公告员工违纪事实和处理结论时，公告的存在时间也需予以考虑，不能使公告长时间地存在。

16.2 员工兼职，企业该如何处理？

【实战案例 69】

45岁的秦某系某公司后勤主管，爱人无工作，所有的家庭开支和两个孩子学费等均由秦某的工资予以保障。为了垫补生活开支，经老友介绍，秦某到某小学从事门房夜班值班的工作（每月2000元）。公司知道后，以公司规定禁止兼职为由解除了与秦某的劳动合同。

【案例分析】

兼职，一般理解为员工在本企业工作的同时，从事第二职业，包括与第三方企业同时建立劳动关系、工作时间之余打散工（如下班后到快餐点当营业员或外卖人员等）或者基于自己的能力、客观条件等而与第三方合作（比如向某小说网站撰写小说、有车的朋友从事滴滴打车载客、会计人员利用公休日为第三方企业审核财务等）。而企业停薪留职人员、未达到法定退休年龄的内退人员、下岗待岗人员以及企业经营性停产放长假人员到新的企业工作更是属于特定类型的"兼职"。

对于同时与第三方企业建立劳动关系包括与第三方建立非全日制劳动关系的，即双重劳动关系问题。2008年前，除全日制用工外，立法及实践中一般不认可双重劳动关系，但随着劳动合同法及系列法律法规的实施，立法不再禁止双重劳动关系，而是规定企业在符合法定情形下可以解除劳动合同，即劳动者同时与其他用人单位建立劳动关系，对完成本单位的工作任务造成严重影响，或者经用人单位提出，拒不改正的，企业可以解除劳动合同并不予支付经济补偿金。既然立法对此类兼职的处理已有明确规定，企业按上述规定作出处理即可，而不能采取诸如本案中的简单方式：禁止兼职，直接按解除劳动合同处理。

如果员工同时到本企业的竞争对手任职，企业可在规章制度中明确：员工在竞争对手处兼职的，按严重违纪处理。基于保护企业商业秘密等目的，此类兼职不应以同时与第三方用人单位建立劳动关系为限，兼职的外延可以扩大，比如禁止投资竞争对手、为竞争对手提供咨询顾问服务等。

至于员工在业余时间打散工等，企业一般不得干涉，因为员工有权安排自己的业余时间。如员工的打散工等行为对其本职工作造成影响的，则企业可根据造成的具体影响，具体问题具体处理，比如：员工下班后从事滴滴打车载客服务后，过于疲惫，而在第二天上班时经常睡觉或者出现严重工作失误并导致企业损害产生，企业依据规章制度明确规定的相应处理措施予以相应处理并无问题。当然，严格地说，这种情况下企业处理的是因员工兼职而导致的诸如违纪行为、失职行为等，而非兼职本身。如果企业对于员工的此类兼职行为不区分对本职工作的影响与否而直接予以解除劳动合同处理的话，只能说企业可能会因"管理之手"伸得过长而产生对企业不利的法律后果。

总之，企业对员工兼职问题的处理应具体问题具体分析，不能一概而论。

由上述"管理之手"问题，我们引申实践中另一个比较常见的话题：员工被行政拘留的，企业可否解除劳动合同？

行政拘留，是指法定的行政机关（专指公安机关）对于违反行政处罚法、治安管理处罚法等法律法规的行为人，依法在短期内（1日至15日）限制其人身自由的一种行政处罚。治安管理处罚法等系列法律法规明确规定了对于哪些违法情形可予以行政拘留。

员工因违反行政法律法规而被行政拘留的，企业可否以其被行政拘留而解除劳动合同呢？（比如酗酒闹事、打架斗殴、实施性骚扰、偷盗、损害公私财产、扰乱公共秩序、侮辱或恐吓他人、卖淫、嫖娼、吸毒等，但未构成犯罪。）

首先，可以明确的是，企业不能依据《劳动合同法》第三十九条第（六）项解除劳动合同。员工被行政拘留与被追究刑事责任是两回事儿，不能混为一谈。企业如此为之的话，则必然导致违法解除劳动合同。

其次，员工在企业的办公场所或者在工作中因违反行政法律法规被行政拘留的，比如在工作场所打架斗殴、工作期间对女同事实施性骚扰、在办公场所吸毒、聚众扰乱企业经营秩序等，企业可通过规章制度明确规定上述行为属于违反企业规章制度，而员工因此被行政拘留则属于企业可解除劳动合同的严重情节。

至于员工在企业办公场所之外或者非在工作中违反行政法律法规被行政拘留的（比如私人聚会后因酒驾被行政拘留、下班后在酒吧吸毒或酗酒闹事、嫖娼等），则相对比较复杂一些。对此类问题的处理，总的原则应是看是否与企业用工管理直接相关，有的企业不作区分而直接规定"员工被行政拘留的，企业可解除劳动合同"，则值得商榷，可以说企业如此规定属于"管理之手"伸得过长。因此，如何将此类被行政拘留的情形与企业的用工管理有机衔接，进而由企业规章制度明确处理措施较为关键。我们认为企业在对此类问题予以明确和作出处理时可分层次把握如下几点：一是明确员工无正当理由缺勤的，企业可按旷工处理，且旷工一定天数，企业可解除劳动合同；二是结合旷工的定义（即除因不可抗拒的因素影响外，员工无正当理由、未请假或请假未批准而擅自未到公司工作），企业规章制度明确将员工违反行政法律法规被行政拘留的情形定性为无正当理由的表现情形之一，即便员工请假，但企业完全可因其请假事由属于无正当理由而不予批准。

总之，对于员工因违反行政法律法规而被行政拘留的处理问题，企业应针对员工的违法行为是否发生在办公场所或者与其本职工作有关等而区别对待，不能简单直接地按解除劳动合同处理。

16.3 能否直接规定"禁止兼职，否则视为严重违纪违规"？

【实战案例 70】

2014 年 4 月 23 日，郑小姐入职某电子商务公司，从事网络销售员，与公司签订了 5 年期的劳动合同，合同禁止兼职。2015 年 5 月 9 日，公司以郑小姐在工作时间利用公司网络和电话资源在某网上开店，从事副业，经批评指正后仍未改正为由，单方解除了劳动合同。郑小姐不服公司的决定，提起劳动仲裁，称：本人从未利用上班时间经营某网店，要求公司支付解除劳动合同的代通知金、经济补偿金、竞业限制补偿金、销售提成等共计 50000 元。在庭审中，公司辩称：郑小姐在职期间私自在某网开店，已经构成严重违纪。公司为此提供了网上购物的快递寄送物品单（复印件）及网络和电脑上打印下来的郑小姐开的网店信息及公司从该网店买包的交易记录，以此证明郑小姐在工作时间内登录某网，经营自己的店铺。公司同时提供了一份《员工手册》，其中明确规定：上班时间从事兼职活动者，视为严重违纪，公司可与之解除劳动合同。但是公司没有提供郑小姐事先知晓或签收该《员工手册》的证据。而郑小姐对于上述证据的真实性均不予认可。

【案例分析】

仲裁委经审理认为：公司以严重违纪为由，与郑小姐解除劳动关系，应当由公司对郑小姐的违纪行为进行举证。现公司提供的证据不足以证明郑小姐存在严重违纪，故公司对郑小姐作出的解除劳动合同的处理决定，依据不足。最终支持了郑小姐的仲裁请求。根据《劳动合同法》第三十九条的规定，公司有权单方解除严重违纪员工的劳动合同，但公司必须提供充分的证据证明该劳动者严重违反了公司的规章制度。否则，就无法依据《劳动合同法》的此项规定辞退劳动者，即使劳动者的行为已经严重违反规章制度，对企业造成严重影响。

至于如何提供充分的证据，《最高人民法院关于民事诉讼证据的若干规定》明确规定，证据应当在法庭上出示，并由当事人质证，未经质证的证据，不能作为认定案件事实的依据。同时，该规定还明确，对于书证、物证、视听资料进行质证时，当事人有权要求出示证据的原件或者原物。若当事人只提交复印件作为证据，在庭审中又无法举证原件的，按照法院的一般操作规则，除非对方自认，否则法院有权对相关的复印件等证据不予确认。具体到本案，因公司提交的证据均为复印件、打印件，而郑小姐又不认可其真实性，故而最终导致公司败诉。

因此，公司应改善证据保存方式，对于客观上不存在原件的证据，尽量通过书面化的形式保存。此处所说的书面化并非简单地打印，而是通过书面化之后的各种方式使相关的证据能够获得双方确认，或者将电子证据书面化的过程进行公证，增强证据的证明力。

16.4　如何理解严重失职，给企业造成重大损害？

【实战案例 71】

案例一：董某于 2016 年 7 月 11 日入职某展览公司，任美术指导职务，于 2016 年 12 月 31 日离职。董某每月工资为 14500 元，以现金发放。2016 年 7 月 11 日，董某与某展览公司签订《劳动聘用合同》，约定合同有效期限为 2016 年 7 月 11 日至 2017 年 7 月 10 日，董某担任美术指导职务；展览公司根据国家法律法规和实际情况制定的各项规章制度，董某在合同期内必须严格遵守执行；该合同附件有《商业及个人行为规范手册》《员工录用确认书》等。《商业及个人行为规范手册》第五部分第五条规定：员工屡次工作失误给公司造成不良影响的，展览公司可以辞退该员工。

2016 年 9 月，董某在作为主设计师代表某展览公司从事北京某商业会项目制作中，将主视觉背板中的"Hand in Hald"错写成"Hard in Hand"。主视觉背板的定作方系一家国际知名医药公司，该展板用于该企业召开某新型药品的发布宣传活动。会后，该医药公司向展览公司发出抗议信，并威胁不予支付制作费。

展览公司向医药公司发出致歉信，并明确：因公司工作中出现错误给贵司带来不便，为表明我公司对错误的认知和长期合作的诚意，将制作项目费用减去 50%，同时减去 2% 的服务费，并保证未来合作不再出错，再次为公司的工作错误向贵司道歉。

2016 年 12 月 31 日，展览公司向董某送达辞退通知，内容为：董某作为某商业会项目的主设计师，因个人过错造成意思上的负面表达，其他延展品也全部出现错误，致使来自全国300位参会人员产生视觉和感觉上的不良反响，使客户声誉蒙受重大损失，给展览公司形象带来极坏的影响并造成数万元的经济损失。根据《劳动法》第二十五条和《劳动合同法》第三十九条规定，某展览公司决定对董某作出辞退处理，并保留追究其个人经济赔偿的权利。

董某认为展览公司系违法解除劳动合同，应支付解除劳动合同的赔偿金。其请求经仲裁和法院审理后，均被依法予以驳回。

案例二：华某系某房地产企业员工，负责公司的广告事宜。2018年3月，公司因销售某楼盘而需制作广告，并委托了广告公司制作和发布楼盘广告。按双方广告合同要求，公司应当提供制作楼盘广告的必要资料。华某按房地产公司要求整理和拟定了相关资料并提供至广告公司。楼盘广告发布后，公司发现楼盘的名称系错误的：楼盘本为"×月苑"，但广告中系"×目苑"。公司向广告公司提出交涉时，发现公司提供给广告公司的资料中恰恰是"×目苑"。经公司调查，系华某的工作失误导致。

后来，公司以华某严重失职、给公司造成重大损害为由解除了双方劳动合同。华某认为，虽然自己工作失误，但并未给公司造成损失。庭审中，企业主张：华某的失职行为虽暂未给企业造成经济损失，楼盘广告虽然仅仅是一字之差，但我司作为业界有名的房地产公司，客户势必对我司的信任度降低等，这对于公司的声誉、商誉影响是不可估量的，也势必对楼盘的销售产生不良影响。因此，我司按法律规定解除双方劳动合同符合法律规定。最后，房地产公司的主张得以支持。

【案例分析】

根据《劳动法》第二十五条及《劳动合同法》第三十九条的规定，员工严重失职给企业造成重大损害的，企业可以解除劳动合同。

严重失职的认定，实践中一般并无争议。所谓失职，既包括员工未履行或未完全履行岗位职责，也包括被授予管理职权的员工未行使或未正确行使管理职权。前者如上述两个案例中的广告文字设计失误，后者如对广告负有审查职权的员工未尽到审查义务导致本可避免的广告设计失误成为不可逆转的事实。至于失职行为达到何种程度方是"严重",法律法规未明确规定,而是授权企业通过规章制度予以详细界定,一般来说,员工所失之职系其岗位职责中的主要部分或重要内容的,可以认为符合"严重失职"的要求。当然,实践中的失职情形类型多样,企业规章制度也不可能面面俱到,这就得根据客观情况具体分析和具体认定失职是否严重了。比如说对于珠宝柜台的销售岗位,虽企业规章制度或者岗位职责中并未明确柜台销售人员下班时应锁好珠宝柜台,但保证珠宝柜台的安全系柜台销售岗的内在职责要求,因此,如销售人员某日下班未锁好珠宝柜台从而导致珠宝被盗的,则销售人员就不能以岗位职责对其未作出具体要求为由而主张自己不存在失职。

员工失职虽达到严重程度,但如无重大损害的产生,企业也不得依据《劳动法》第二十五条及《劳动合同法》第三十九条规定而解除劳动合同。严重失职与对企业造成重大损害,需同时满足,两者共同构成企业解除劳动合同的合法条件或理由。

至于如何认定重大损害,原劳动部《关于〈劳动法〉若干条文的说明》规定:"'重大损害'由企业内部规章来规定。"因为企业类型各有不同,对重大损害的界定也千差万别,故不便于对重大损害作统一的解释。若由此发生劳动争议,可以通过劳动争议仲裁委员会对其规章规定的重大损害进行认定。可见,此文件对于"重大损害"的解释比较原则和宽泛。

实践中,众多企业的规章制度对"重大损害"进行了细化,但综观大多数企业的规章制度,大多或基本上将"重大损害"定义为"重大损失",并明确了具体的损失额以确定重大损失的标准。这对重大损害的理解过于狭义——"重大损害"的外延大于"重大损失",后者可以说仅仅是经济损失,且以损失额的多少作为是否"重大"的衡量标准;但是,损害不仅包括经济损失,还包括对企业的诸如名誉、商业信誉、声誉等方面的负面影响或否定评价等。案例一中,董某工作失职,看起来是一个微不足道的失职行为,但广告中英语单词的拼写不同造成了截然相反的意思表达,不仅对客户医药公司的公众形象造成较大的负面影响,而且对董某供职的展览公司造成的损害也是显而易见的:经济损失、被客户严重抗议,甚至受到业界其他客户的否定评价。该案的重大损害既包含经济损失,也包含企业商誉损害等;而案例二中,虽房地产公司暂无经济损失，但房地产公司所主张的商业声誉损害或影响等是必然存在的。

16.5 如何收集证据，以及如何应对员工拒绝签收处分、解雇通知书的行为？

根据《劳动合同法》的规定，用人单位解除劳动合同须符合 3 个条件：合法的理由、充分的证据、正当的程序。这使得企业不能随便解雇员工，在开除员工之前，须收集员工严重违纪的证据。那么，企业如何做到有充分的证据呢？

16.5.1 要求违纪员工亲笔书写检讨书、悔过书、情况说明等

员工在发生严重违纪行为后，企业应立即制止，给予其口头警告，指出员工错误。除此之外还应要求其作出书面检讨或书面说明违纪事实经过。这些书面材料应完整记录违纪行为发生的时间、地点、涉及的人员、原因、经过、给企业造成的损失，以及违反了企业规章制度中的什么条款等。落款要有书写时间，且必须看到违纪员工本人在书面材料上亲笔签名或按手印，防止其事后否认。

16.5.2 知情者的证言

违纪员工的同事如对该违纪行为知情的，可要求知情人提供证人证言。但由于其他员工作为证人与违纪员工之间有利害关系，一般情况下，法律上对这种证人证言采信率低。但有利于辅助其他证据一起形成完整的证据链，而成为确定事实的依据。

16.5.3 损坏的物品或其他财产损失

员工违纪后，如造成了损失的，企业的机器设备或其他财产可以成为证明员工违纪的物证，企业可以保留或者以拍照等方式加以固定。

16.5.4 有关书证、录音、视频等其他相关资料

如配有监控录像的，记录了员工违纪行为发生的经过，就应注意保留该视频资料原件，不要随意删除或复制。此外，在处理违纪行为过程中另外的相关录音、录像、照片、微信、短信等资料，也都可作为证据使用。

16.5.5 行政处罚的处理意见、处理记录及证明等

如果员工的违纪行为导致企业受到行政处罚的，政府部门出具的行政处罚决定书是证据之一。还有员工本人受到行政处罚的，如员工有违法行为（如赌博、盗窃等），受到有关部门处理的，这些处理结果或记录，也是员工严重违纪的有力证据。企业应当注意保留或调取。

对于劳动者拒绝签收处分、解雇通知书的情况有以下两种处理方法：

第一种方法，采取直接送达的方式，将解除劳动合同通知书当面送交本人，若本人拒绝签收，则应将当面送达的情况作出书面说明，以保留证据（若他不肯作出说明，则用录音笔做记录，说明已经通知了）。

第二种方法，采取邮寄送达方式，最好通过邮局以特快专递的方式，向员工寄送解除劳动合同通知书。若邮件被退回未能送达，则人力资源部应将退回的信件完整保存。

总之，用人单位应当认识到，与劳动者解除劳动关系，必须将解除劳动合同通知书送达劳动者处，只要依法按送达程序操作，解除劳动合同文书是肯定能送达的。

图书在版编目（CIP）数据

HR 劳动关系经典管理案例 / 潘辉著. —2 版. —北京：中国法制出版社，2024.6

（企业 HR 经典实战案例系列丛书）

ISBN 978-7-5216-3610-9

Ⅰ.① H… Ⅱ.①潘… Ⅲ.①劳动关系－管理－案例 Ⅳ.① F246

中国国家版本馆 CIP 数据核字（2023）第 102953 号

策划编辑：刘　悦

责任编辑：刘　悦（editor_liuyue@163.com）　　　　　　封面设计：汪要军

HR 劳动关系经典管理案例
HR LAODONG GUANXI JINGDIAN GUANLI ANLI

著者 / 潘　辉

经销 / 新华书店

印刷 / 三河市紫恒印装有限公司

开本 / 730 毫米 × 1030 毫米　16 开　　　　　印张 / 16.5　字数 / 253 千

版次 / 2024 年 6 月第 2 版　　　　　　　　　　2024 年 6 月第 1 次印刷

中国法制出版社出版

书号 ISBN 978-7-5216-3610-9　　　　　　　　　　　　　定价：59.00 元

北京市西城区西便门西里甲 16 号西便门办公区　邮政编码 100053　　传真：010-63141852

网址：http://www.zgfzs.com　　　　　　　　　　　　编辑部电话：010-63141819

市场营销部电话：010-63141612　　　　　　　　　　　印务部电话：010-63141606

（如有印装质量问题，请与本社印务部联系。）